歴史紀行

ボヘミア、アジアそしてパリ

羽田令子
Hada Reiko

ユーラシアの西のはてリスボン港で

社会評論社

歴史紀行――ボヘミア、アジアそしてパリ＊目次

まえがき

タイに三十数年住んでいる私は、タイからアジアや日本を見ていると同時に、ユーラシア大陸を駆ける機会が何度もあった。その内のハイライトを三つの章にまとめてみた。

私の歩んだ道には「戦争の影」がどこにもあった。二十世紀は戦争（破壊）をくり返してきたことが頷ける。二十一世紀には「希望の世を」と望んだが、ハナからテロ、紛争、局地戦争などの破壊がはじまった。

東欧の壁が崩れる前後にかの国々を何度も訪れたが、美しい歴史の街がそのまま残っていたとはいえ、歴史を語る人々からは戦争で受けた苦しいうめき声が聞こえた。教会や要塞の背後には、ガレキが残存していたり、ユダヤ人の墓は空き地もないほど詰められている惨状も見た。

第一章は、クーデンホーフ光子の面影を辿る旅で、ヨーロッパに日本女性が夫と蒔いた種が苦労の果てに実を結ぶという〝光〟であった。次男リヒアルト伯爵は「パン・ヨーロッパ」論を提唱した人である。即ち、ヨーロッパは戦争を止めて互いが仲良くすべきだ、という主張を欧米や国連に訴え続けた。

彼自身が戦争と国土の破壊の中で家族が住む場所が違うため家族・兄弟の国籍も異なり、家の中に国境ができてしまった経験を持つ。

彼は晩年になって初めて祖国日本の土を踏むが当時ですら、日本の識者と熱っぽく「パン・ヨーロッパ論」を論議している。

リヒアルト伯爵の提唱は時間をかけて段階的に進み、いまEUの形に実った。私たちは彼のことを誇りにしたいと思う。今や世情はグローバリゼーションに向かっているからだ。

第二章は、アジア（日本を含む）の国々を歩いて記録した遺聞である。読者の開眼になればよいと思う。後述の部分には「古代から日本とユダヤが繋がっていた」発見に注目してもらいたい。また、モンゴルを駆けたレポートは、ソ連の崩壊寸前であったことをリアルに記録している。

第三章は、それこそアジア人の悩みに直に触れた。辿った折々の中味がたっぷりある。どこでも問題をはらんでいた人々の姿を描いた。

また、ユーロ通貨発行日（二〇〇〇年一月一日）にパリに居合わせたことも感激である。

いま、世界はかってなかったほどの激動期にある。私たちに究極のポイントが迫っているのだ。つまり、その流れは一方へ螺旋状に巻かれていく……。

気がついてみれば、その中には失望だけではないことも見出すことができる。

日本が繁栄に奢っていた頃（一九八〇年代末）から、タイで静かに調和していた「タイ蔵前会」の存在は一例である。東京工業大学で学んだ日本人とタイ人留学生（即ち同窓生）の集合は、協力して現在まで続いている。日本で学んだ知識・技術・経験を、日本人とタイ人（アジア人）とで共有しながら未来に進んでいるヴィジョンともいえる。

EU委員長のバローゾが、国家の壁を越えて「共有する」ことを処々で説いていることに納得がいく。私は彼らと直に触れ合う機会があるので明るい兆しを感じるのだ。きっと他にもそのような形態があるかもしれない。

タイは北部から開発が進み、外資のラッシュであったが、当時（九十年代初め）イギリスとタイとで「水資源の管理」を唱える会議に参加したことがある。主催者側のイギリス人・フランス人教授が「水資源の管理とか、供給水の水質管理とか、タイ人への水の管理、教育、訓練をしていきます。できるだけ長く続けたいと思います」と語ったことがある。

本書が〝光〟のひと筋となることを望む次第である。

私たちは終生「生き抜く勇気」を持続しなければならない。

著　者

I

ボヘミアを駆ける

ボベチョヴィチェ村役場で。奥が村長さん、真ん中が著者

［1］日本を愛したクーデンホーフ伯爵

古都への旅

第一次世界大戦を中心に、十九世紀から二十世紀にかけて、栄華を極めたオーストリア＝ハンガリー帝国のウィーンやボヘミアでけなげに生きた日本女性がいる。クーデンホーフ・光子（旧名青山みつ）、一八七四年（明治7）東京生まれ。一九四一年（昭和16）にウィーンで没している。

夫のハインリッヒ・クーデンホーフ・カーレルギー伯爵は、オーストリア＝ハンガリー帝国の代理公使として、一八八九年（明治22）日本に赴任してきた。

光子は当時、明治の代表的な社交クラブで鹿鳴館と並び称される紅葉館の女中であった。女中という語は現在の女性に当てはまる。明治初期には女子の学校がほとんどなく、娘をこのような所へ入れて、教養、お稽古ごとを習わせる親がいた。しかし、女性たちは、館に集まる紳士や外国人に踊りを披露する役目もあった。だから紅葉館には美しい少女たちが揃っていた。

クーデンホーフ伯爵は、赴任後たちまち光子に一目惚れ、それほど彼女は匂うように美しかった。二人は結ばれ、彼女は二児を生んだ。（光太郎＝ハンスと栄次郎＝リヒアルト）。

伯爵はこよなく日本を愛した。日本の風物、人々、習慣、歴史などに興味を持って、赴任する前にかなり勉強してきた。日本へ行くから、という泥縄式の学び方ではなく、以前から本格的に学んでいた。そのために日本語も既に喋ることができたのである。

朝鮮旅行は、近くウイーンに帰任する前のことだったが、日本各地への旅は滞在中に折りを見て、光子と楽しんだ。当時のことだから、交通の便は悪く、行程は二週間もかかる旅だった。

京都への旅は伯爵が言い出したことだが、光子も日本の源である古都をぜひ夫に自慢したいと思っていた。伯爵は、

「古代からのミカド（天皇）の王宮がある所だ、ぜひ訪ねたい。ついては二週間ぐらいの休暇をとらなければ――」

と、気がはやる。彼は関心を持っていることは実行しなければ気がすまないのだ。

「古代ローマ帝国のように、芸術と歴史の宝庫の都へ行きたい！」

「そうよ。私はいつもそう思っていたわ。今までチャンスがなかっただけよ。そして、ついでに日本のもっと源である奈良も見せたいわ……」

光子もあこがれの古都への旅に心があつくなる。

二人は綿密に計画を立てた。

「ぼくは、広重の五十三次の場所を、列車でなく足で歩いてみたいんだ」

途方もない冒険心にもえている。

「えっ、徒歩でなんて——、昔のお遍路さんならともかく、私たちはできないわ」

「馬でいくんだ。そうすれば東海道の松並木や駿河湾、富士山が手にとるように見えるだろう。ああ、そうしたいな」

「馬？ それも時間はかかるでしょうね。ダーリン。二週間で京都まで往復できないわ。それに私、東京で乗馬をやるのがせいぜいよ」

結局、彼が馬、光子は馬車でいっしょに行くことになった。

「腰かけて行くから楽だろう」

と、彼女を説きふせた。

だが、まだ難問があった。日清戦後のわが国では、下関講和条約という不利なものを受けたので、国民は納得がいかなかった。ドイツ、ロシア、フランスの三国干渉があったからである。それで日本人の中に、ヨーロッパ人を憎む土壌ができた。政府は、外交官が日本の狂信者に殺られるのを恐れた。各大使館に秘密警官が五人ほど配置されたり、どこへ行くにも護衛が付いた。

光子たちの京都行きの旅にも護衛が同行した。パスポートの携帯ということも義務付けられた。日本が世界の舞台へ登場する前段階の風評である。

伯爵は、朝鮮旅行のついでにウラジオストックをも訪問しているが、早くも日露戦になる動きを看破し「日本はロシアに勝つ！」と予想している。

馬と馬車とSPと従者という、大規模な夫婦の旅は行く先々で特別な配慮を受けた。道中の旅館では、「東京から電報が入っていたので、お待ち申しておりました」と丁重に迎えられたり、その町の町長なども控えていた。

東海道を通る時は幸いにも好天に恵まれ、海の風を受けながら、富士の姿も満喫した。

「まるで、徳川の殿様のような気分だ」

「時間があれば、この風景を描いてみたいわ。シロシゲのように」

江戸っ子の光子は広重をシロシゲと発音する。

しかし、東海道を通過した頃から、馬の調子が悪くなってきた。食欲もなく、足取りも遅くなる。

乗馬が得意の伯爵でもうまく手綱が引けないのだ。

「ダメだ、これ以上は。馬が病気になった」

降りて、タテガミをなでるが、馬は泣いているかのようになさけない顔つきをしている。

「光子。行程にさしつかえるから、ここからは列車で行こう」

伯爵の判断で、列車に切り換えることになった。内心、光子はほっとした。見ればダーリンも馬と同じようにやつれている。街道には古い旅館や大した食堂がなかったので、肉食ができず、彼も体調をすっかり崩してしまったのだ。

日本研究

伯爵は大好きな日本の各地を回った。外交官としての任務の時もあったし、私的な旅をした時もあった。特に北方へ興味を抱いたのはロシアへの関心かもしれない。

熊祭りのアイヌ村を訪ねたことがある。当時（明治時代）は北海道のことをエゾ島とかエゾ地とか呼んだ。明治以前には「北海道、千島、樺太」の総称であった。アイヌ語のエジュ（人）という意味からである。

北方に進んで、アイヌ部落を数ヶ所も訪ねた。伯爵は、

「次に中国か朝鮮に赴任する場合の参考に、訪ねて彼らと話をしたいんだ」という。

一世紀以上も前の日本やアジアを伯爵と光子の眼を通して見るのは大変興味深い。私たちはタイムトンネルを潜って、素朴で、美しく、前向きな東アジア（日本を含む）の姿を垣間見ることができる。

伯爵は日清戦争当時に赴任したのだから、日本の、アジアへの覇者となる草創期を眼のあたりにしている。

日本はものすごい。次なる日露戦争にもきっと勝つ。彼は日本が日露戦争へ向かっているのも予測した。

後年、光子は口述する。

——小国なのに二つの大戦に勝ったのはなぜか。

答は一つ。日本人の確たる義務感と滅私の精神が目標に向かって全力を上げたからです。

二十そこそこの光子がこう述べているのは、クーデンホーフの代弁でもあろう。彼が日本人を研究し、日本を透視し、分析していたからである。

日本と中国が戦争をした時（日清戦争）、彼は早、日本の勝利を予測した。

外国人との晩餐会で、それを話すと、彼らはこぞって、

「こんな小国がですよ、巨大な中国に勝てるわけがない」

「何せ、日本はとるに足らない田舎国ですよ」

と一笑に付した。

彼らは大和魂というものがわかっていなかった。

これに関連したことを上げよう。

かつてケネディ大統領が若くして就任した時、いろんな記者会見が殺到したが、日本人記者会見も行われた。記者たちは質問した。

「大統領は日本人の中で、誰を尊敬なさいますか」

「上杉鷹山《ようざん》です」

これを聞いたほとんどの日本の若い新聞記者たちは、その人物を知らなかった。

戦前の「修身」の教科書で一番多く取り上げられたのは二宮尊徳、第二位が上杉鷹山だった。二人とも国民に勤勉、倹約を唱えた人物である。

（私は小学校三年一学期で終戦を迎えたが、すでに、一年、二年の時に尊徳や藤樹を学んでいる）

明治時代に内村鑑三は英文で代表的日本人を全世界に紹介した。その中には、この二者や西郷隆盛、日蓮、中江藤樹が入っていた。

鷹山は十七歳の時に弱小で破産寸前の米沢藩主になった。一汁一菜は彼の唱えた「倹約令」である。その他、自ら鍬を持って新田開発を行った。殖産興業も行ない、藩を繁栄させた。

藩には、以後代々秘伝「伝国の辞」が伝えられた。

三項目あるがその一つを紹介しよう。

「国家人民の為に立ちたる君にて、君の為に立ちたる国家人民にはこれなく候」（君主のために国や人民があるのではないの意）

封建制度まっ真中の江戸時代中期にこれを発言しているのである。

ケネディ大統領は就任演説の時、このことと同様なことを述べている。

「諸君は国家が自分に何をしてくれるかということを思わないでほしい。諸君が国家に何をすることができるかを考えていただきたいのである」

ケネディは日本人を実によく研究していたわけである。

クーデンホーフもそうだった。日本へ赴任前から日本研究を深め、日本語、中国語、朝鮮語も習っていた。赴任してからも、毎晩続く外交官の晩餐会に出席し、そのあと深夜までこれらの勉強をした。

彼は日清戦争の勝利は日本だ、と予言した。更に、故国へ帰国する前に、日本は必ずロシアと戦う、と洞察した。

光子の面白いエピソードがある。

下関講和条約のあとで、中国の李鴻章から伯爵に電報が入った。

（貴国の人で、戦争に関係し、中国政府と莫大な金がからんでいるが……）

伯爵は一刻も早く返答しなければならない。

「私の責任になるし、よく考えたが、友人とも相談したい……」

と深夜なのに、はやる彼は、人力車を呼んだ。

「待って、ダーリン。今、東京では外国人が憎まれてるのよ。こんな夜更けに何が起きるかわからないし。李氏の電報を暗号で直接ウィーンに送り、回答を待つ方が近道よ」

当時、東京―ウィーン間の電報は八時間かかったが、折り返し返答があった。

「とんでもない！」

彼は緊張がほぐれた。

「光子、ありがとう。君の機転でぼくは助かった……」

光子は記している。

（私は若くて無知だったけれど、この時から夫が私の理解力を認めてくれた。うれしかった……）と。後に、夫亡きあと、一家を背負った彼女の才は、もう芽生えていたのだ。

リヒアルト伯爵の来日

クーデンホーフ伯爵の二男・リヒアルト伯爵が初めて日本の土を踏んだのは一九六七年である。生まれ故郷の日本、東京に。

「鹿島国際平和賞」を受けるためだったが、時の人・リヒアルト伯爵の日本滞在二週間のスケジュールは挨拶、講演会、レセプションが目白押しだった。

昭和天皇・皇后両陛下に拝謁した。和やかに話がはずんで、予定時間を三十分も超過したといわれる。

もう一つのハイライトは鹿島賞授与である。これについては遺聞がある。

財団法人鹿島平和研究所が、わが国で初めての国際平和賞を創設した（一九六七年）。

「日本にはいろんな賞がある。三大新聞社の賞とか、いろんな文学賞……」

「そうですね。加えて、工業賞、発明賞、医学賞など……」

「だが、平和憲法を持つ国が、平和賞なるものはひとつもない。いよいよ経済的にも大きくなったこの日本に」

このような考証のもとに、鹿島守之助（法学博士、参議院議員、鹿島平和研究所会長）が、この賞を創設した。

第一回は、それにふさわしい人を選んで授与しなければならない。そして、リヒアルト伯爵に白羽の矢が立ち、皆の賛意のもとに決定されたのである。

鹿島平和賞賞状は伯爵への賛美で溢れている。特にパン・ヨーロッパを植えつけた偉業に対してのことば、そして最後にこのように書かれている。

特に日本人を母とし、ヨーロッパ人を父とする貴下が、常に東西両洋の偉大な文明の融和に深い関心を持ち、その交流に献身せられたることは、われわれ日本人にとって感銘おくあたわざるものがあります。

一九六七年十月三十日

財団法人鹿島平和研究所会長　鹿島守之助

伯爵は日本でたくさんの人に出会い、話を交わした。皇太子殿下（現天皇）にも拝謁している。

最後に、母の生家青山家の墓参をした。いわゆる彼の祖父母（光子の父母）の墓に出向いた。彼は、内心、東京は戦争（第二次大戦）で殆ど焼かれたから、昔の墓はなくなって、新しいものかもしれない、と心配しながら訪れた。

「あった！」

墓地はそのまま残されていた。

「美しい……、夢見るような姿だ……」

墓石が昔のままの自然石で佇んでいた。

「御先祖様。ぼくは生まれた東京へ帰ってきました。子どもの時、おじいさん、おばあさんにも抱っこしたんですね――」

涙しながら、伯爵は墓石のまわりにいっぱい花を飾った。

彼は手記に書いている。

「私はこの国と、その民族とに、どんなに強く結ばれているかということを、この墓地で充分に自覚したのである」

日本ぎらいだった伯爵が日本の美に目覚めたおかげで、もう一度日本を訪れることになった。

女性の団結

日本ぎらいのリヒアルト伯爵が、初めて日本を訪れたのは、晩年になってからの七十歳の時だった。

それまで、どうして生まれ故郷に心を向けなかったのだろう。

幼い時、母の腕の中で日本の子守唄を聞いたはずである。おじいさん、おばあさんから桃太郎さんのおとぎ話を聞いたであろう。

光子も一度も日本に帰らなかった。裕福な身でありながら。一つには毎年のように身ごもっていたせいもあるかもしれない。当時、妊婦には長い船旅は無理だった。だが、一面では光子はヨーロッパに身を置きながらノスタルジアに心をさいなまれている。

リヒアルト伯爵は日本を訪れるや否や（日本に帰ってくるや否や）、日本の匂いを嗅ぎ、その眼で日本を確かめ、共鳴者などに出会ったおかげで、日本への理解を深め、理解できるようになった。日本が好きになったのである。

特に創価学会の池田大作会長との出会いが大きく、そのおかげで二年後にもう一度日本を訪れた。その時は創価学会の潮出版社がスポンサーになり、講演会やレセプションで日本全国を回っている。

伯爵がヨーロッパに戻ったあとに、大変な伯爵ブームが起きた。新聞や雑誌に彼の記事がオン・パレードであった。

週刊誌（オブザーバー）に載った記者との会談は興味深い。

――お母さんの影響は何ですか。

「はい。母の影響は大いなるものです。私がまだ子どもの時（十一歳）に父がなくなったので、そのあと母は私たちをしっかり教育してくれました。」

——日本式教育でしょうか。

「いいえ。ヨーロッパ式です。母は父の精神を継いで、〝あなたたちを立派にヨーロッパ人として育てる〟と、常々申しておりました。」

——ではあなたのパン・ヨーロッパ論はどこから？

「母・個人としては、本当に純粋の日本人でした。日本を真から愛しておりました。しかし、教育は父の代わりになって、〝子どもたちはヨーロッパ人に育てる〟ことでした。」

この会話から、伯爵の父母から受けた大きなバックボーンが読みとれるだろう。

伯爵は、半生をかけたパン・ヨーロッパのほかに、この日本滞在中に固めた思想がある。〝世界平和のためには女性が団結すること〟であった。これは鳩山女史によって「友愛青年同士会」などに広まっていった。

友愛とは友達と愛情（友情）で結ばれることである。

二〇〇九年九月、鳩山政権が成立したが、鳩山由紀夫は早くも、民主党結成時（一九九六～九八）に「友愛」を政治スローガンとした。それは古くからヨーロッパ政府の根底にある思想の一つである。

光子は若い時落馬した跡が後遺症となり、四十代で半身不随になった。七人の子どもたちを立派に育て上げた安堵感、脱落感もあったのだろう。子どもたちはそれぞれ一家を成したが、次女のオルガだけを伴って、昔、夫が光子のためにと買ってくれたウイーン郊外の山荘に引きこもった。

社交界や城主としての跡継ぎから引退しても、日本からの訪問者は多々あった。いや、むしろドイツ人（オーストリア人）、フランス人などの訪問は一切断わって、日本人にしか会わなかったという。

変り種では、山下奉文が武官時代（ウイーンの日本大使館付）に、光子を訪れている。

「あたしが死んだら、柩を日の丸の旗でくるんでパパの横に葬ってちょうだい」

と、オルガに時々語っていたほど日本を愛していた。

だが、二人の墓は別れている。夫はロンスペルク（現在はチェコ名でポペチョヴィツェ）の郊外の墓地に深々と眠っている。そこを訪れた私は、墓参のあと門を出たら、はるかに彼と光子の住んだ城の赤い尖塔がお伽話の絵のようにかすんでいた。

光子の墓はウイーン郊外のシェーンブルン城に近い丘の墓地にある。午後の陽が傾いてきたので急いでいた私に、女性の墓守りは親切に案内してくれた。白い墓石はシェーンブルン宮殿

お孫さんから見せていただいた光子の写真。

やグランド・ホテルで踊った華の光子を思わす美しさだった。

芝居の好きだった光子は、ウイーンのブルグ劇場へよく通った。そこで知り合い、ウイーンの自宅にまで招待するほど昵懇《じっこん》の間柄になった大女優イダ・ローランにリヒアルトをとられた。

「あの女狐め！」怒りは一生収まらなかった。

だが、二人は一生夫唱婦随で和やかなカップルだった。子どもはなかった。

リヒアルト伯は晩年になって日本を好きになったのである。

女優イダ

リヒアルト伯が日本で、週刊紙の記者にインタビューされた時に母光子のことを語ったことばはまだある。

「母は徹底的に日本を愛しておりました。母の一生はまさに日本を愛していることに徹底しておりました」

この光子のバックボーンは、夫のクーデンホーフ伯とヨーロッパに向かって離日する時、明治天皇の皇后（のちに昭憲皇太后）から令旨《りょうじ》を賜ったことを一生忘れなかったからである。

「あなたの前途には先進文明国の華やかな生活が待っているが、その反面苦労もあると思うが、どんな時にも大和なでしこの本分を忘れぬように」

今日では、「大和なでしこ」のことばの意味を解せぬ若い日本女性が、軽々とデイパックを背中に出国して、南タイあたりで、ウロウロして日本へ帰らない例が多々あるが、フリーターそのものである。「国際的」ということばのはき違えと思う。

本筋からそれるが、私が目撃した例を上げよう。タイ南部のプケット島の小屋でタイ男性と同棲していた日本女性が、次にはアッという間にイギリス年金老人に乗りかえ、ロンドンへ行ってしまった。「俺の方が貧乏だから」と彼はこぼしていた。

光子の場合は日本女性としての礼節を一生守ったのである。

夫亡きあと、西洋の男性が美人で社交界の華であった光子に秋波を送ったのはいうまでもない。そのたびに彼女は、

「プロポーズされても、七人の子ども付きですよ」毅然と断わった。

リヒアルト伯も母の血を継いだ。父の伯爵は日本公使になる前に、ウイーンに恋人がいた。だが、オーストリア皇帝につながる伯爵家と普通の女性とは、当時では身分が違いすぎて父親の大反対に会い、やむなく結婚を断わった。そのため、彼女は自殺したといういきさつがある。

光子の場合も大反対されたので、伯爵はあわや現地妻として置き去りにするところを、城主の父親が亡くなったのだ。晴れて結婚し、東京生まれの可愛い二人の坊やを伴って、ロンスペ

ルクの城へ帰ることができた。

光子は手記にこんなことを書いている。

朝鮮旅行の時、光子もほれぼれしたほどの朝鮮美人を見た。

「光子が妻でなかったら、あの人と結婚したいくらいだ……」

伯爵は冗談にしろ、こんなことばを発した。

明治女性が尻ごむ外国行きを、光子は愛するダーリンに必死になって従いて行ったのだ。

城や周囲では、光子が金の鼻輪でもはめているに違いない、と思っていたほど日本は野蛮国と見られていた。

光子の明治女性のマナーや日本文化の高さをオーストリア人に段々知られるに至ったほど、彼女は日本女性としての礼節を守った。

光子が怒って大反対したリヒアルト伯の結婚を、一般の人々も、女優イダの術中に陥って気の毒、きっとうまくいかないに違いないと思っていた。だが、二人は愛の絆で一生結ばれていた。

イダがこう言った。

「西洋の男性は油断がならないのよ。甘いことばにつられて一緒になっても、あとで裏切られるだけよ。それに比べ、日本の男性（リヒアルトは西洋人からはそう見られていた）の信用のおけること。私がいちばん信頼し、ついていける人よ」

イダはリヒアルト伯の理想を理解していた。アメリカへパン・ヨーロッパ提唱の講演会、署名運動には必ずついて行って応援している。リヒアルト伯も、彼女の劇場出演の時はできるだけ傍らで、協力している。

だが、十九歳の学生時代に母親ほどの年令のイダと結婚した彼を、光子は勘当した。

伯爵家はロンスペルクの城の他に、ハンガリーにも城があり、リンツにも城があった。リンツは二人の隠れ家であった。

私は息子（国連に勤務）の運転する車で、ウイーンからアウトバーンに乗り、百六十キロのスピードにはらはらしながら、ドナウ河に沿って走って行った。

リンツで高速道路を降り、バートイッシュルの方面へ向かう。しばらく行くと、静かな街道に出た。晩秋の美しいシーズンなのに行き交う車は殆どない。名残の紅葉を目にしながら走ると、急にトラウン湖が開けてきた。

車から降りて湖畔に立つと、鏡のような水面をさざ波を立てて白鳥が寄ってきた。この湖で若きリヒアルトとイダはボートに乗ってデートを楽しんだ。

今、ヨーロッパはＥＵ連合となって拡大されてきた。やがて困難を乗り越えて世界統一に向かうだろう。彼は一世紀先を見つめてその理想に進んでいた。

リンツの城で

クーデンホーフ・カレルギー伯と光子、そしてリヒアルト伯にまつわる遺聞はまだまだ沢山ある。アジアに遺された足跡があるのだ。この稿を書きながら改めて作家冥利につきる、と思う。

なぜなら、私がアジアの部分で取り扱うのに際して、わけのわからない編集者がいた。「ヨーロッパのことは……」とか「あの人はヨーロッパ人だ」とか。

「アジア人としての部分があるのよ」

「光子は日本人よ」

それでもわからない。クーデンホーフ家族は大いにアジアに関わり、貢献し、日本に味方したことを繰り返して私は書いている。

光子の生涯をふり返りながら、自分の長い半生を通して、いま、しみじみ考えるのは、この物質社会を超えた精神世界の存在を認識した喜びである。私はようやくそこまで辿りついた。

夫亡きあと、子どもを一所懸命育てた光子は、彼らの進学のため、城を去ってウイーンへ出た。

シェーンブルン城の近くにマンションを持っていたが、そこに入った。3DKのイメージとは違う、すてきなバロック式建築で、何室もあった。

入口を入り、通路を抜けるとパッと美しいパティオ（中庭）が開けた。上階の室内を見ることはできなかったが、パティオの花や植物を眺めているうちに光子の人生が彷彿として目の前をよぎる。

夫といっしょにも光子はよく観劇に行ったが、今度は十代になった長男ハンスや二男のリヒアルトをエスコートしてブルグ劇場へ通った。母親と同様にリヒアルトもきっと、イダの魅力にとりつかれていただろう。

やがて光子はマンションにイダを招待するようになり、団欒を楽しんだ。

ある夜、ブルグ劇場で、上流社会の人たちの仮面舞踏会があった。光子は長男をエスコートするつもりだったが不在だったので、彼の代りに十九歳のリヒアルトを連れて行った。ダンスはたけなわになった。仮面の下から互いを見出したイダとリヒアルト。

「今夜こそ、あなたは私のものよ」

二人は夢中で踊った。いつまでもねじの切れたピエロのように舞った。

その夜のことをリヒアルトは日記に書いている。

「彼女こそ、ぼくにぴったりの人……。二人の心はかたく結ばれた――」

リヒアルトは光子に勘当されたが、なおも深く結びつき、いっしょになった。リンツの城で二人は週末を過ごし、トラウン湖で遊んで楽しんだ。そして週明けにはリヒアルトは学寮へ、イダは劇場へ帰っていく……。

厳しかった光子はリヒアルトの本分と勘当のことは分けて考えていた。

晩年、不自由な身になっても、日本大使館から分けてもらった日本の新聞の記事を目にし、「リヒアルトもなかなかやるね」と目をほそめていた。

太平洋文明国家

一九七二年に、リヒアルト伯が再び日本を訪れた。

この年に、私は夫に随伴してタイの土を初めて踏んだ。つまり、夫は企業戦士として、日本の経済進出のためにやって来た。大方の日本人は、日本の経済成長に酔い、更なる発展にわき目もふらなかった頃である。

その頃、リヒアルト伯は既にその先の二十一世紀のことを見つめ、日本及び世界を地球感覚で捉えていたのであった。

リヒアルト伯は先ず、地理的定義をして「日本は世界で第六番目の大陸である」と大胆に言った。大西洋から太平洋にかけての巨大なユーラシア大陸の東の果てにある日本はむしろ、一つの大陸とした方がよいというのである。

文明的に見れば、独自の文明と伝統を持っているからである。日本は地理的にはアジアの隣、政治的にはアメリカ寄り、文明的にはヨーロッパに近いと定義した。

彼は、中国が共産主義化した（即ち無宗教）ので、西洋文明と仏教と儒教を合わせ持つ文化国家は世界では日本だけ、だから日本を独立した一つの文化大陸と呼びたい、と述べている。

リヒアルト伯は更に転回して、日本の自主独立を保つにはアジアの一部というより、第六番目の大陸として太平洋文明国家になるべきだという。

時はまさにベトナム戦争の最中である。その時既に彼はその先を見ていた。

リヒアルト伯は、アジアが自立するためには、アジア人の手で経済的にも政治的にも自立すべきであると。だから、日本は大国意識を捨て、彼らのために経済・技術援助を他の超大国のようではない方法でやるべきであると主張する。大国のように内政干渉や大国同士の衝突の場にしてはならないと警告する。

彼は時代の予言者、思想のパイオニアである。

最近、私はポルトガルに旅をした。リスボン郊外の古い街、シントラを訪れ、更に丘陵を登りつめて、ポルトガルの西端のロカ岬に立った感激はひとしおだった。

そこは西洋の西端であった。いや、リヒアルト伯の言うユーラシア大陸の西端である。はるか東の端の日本列島に生まれ育った私は、巨大な大陸の西端に立ったのだ。大西洋の海は紺青で、宇宙の果てかとまごうほど神秘性を帯びていた。

このポルトガルの港に上陸し、シントラの城に招待された、日本人の誰よりもいち早く西洋を見た天正少年使節のことを思った。彼らはキリスト教を求めてはるばるやってきたのである。

伯爵はキリスト教の衰退をも予言している。

いまそれは、ＥＵ連合とかエキュメニカル運動などの形で新世界出現の進行中である。

［2］伯爵夫人・光子の面影を追って

私の心の旅

在タイ三十数年の私にとって、特に海外で活躍した日本女性に関心がある。十七世紀にシャム王国で活躍したファルコン（総理になる）の妻・日本女性マリ夫人は、来タイ時の最初のテーマであった。その土台の長崎やポルトガルにまで足を延ばして取材を重ねた作品が『アユタヤの十字架のもとに』（社会評論社）である。

その後も、岡田嘉子、河原操子、李香蘭等を執筆、上梓もした。光子のことは、更に雑誌（光人社）や当地邦字新聞に連載しながら、ヨーロッパへ何度も足を運んだほど、魅力のある人物である。

また、私の息子がウイーン国連本部に勤務の時、フィアンセ（のちに結婚）がポーランド人だったため、ウイーン―チェコ―クラカウを何度も往復しながら、光子の足跡を訪ねた。

現在（二〇〇八年十二月）、ＥＵ（ヨーロッパ連合）は二十七ヶ国に拡大され、世界中に難問を抱えながらも、近い将来にはヨーロッパ統一に向かうだろう。

このヨーロッパ統一のもとを提唱したのは、（くり返し書くが）光子の次男のリヒアルトである。ヨーロッパは戦いをやめて、国境をなくし、合衆国になるべきだという「汎ヨーロッパ論」を第二次大戦中、世界中にひろげた。戦後、ECができ、EECになり、いまEUになった。今後、ヨーロッパは古代ローマ帝国のヴィジョンを目指しているといわれる。


タイムスリップして、一世紀前に戻る。

伯爵が日本代理公使としての任務を終る前に、正式に結婚した光子は、夫と二人の子ども、従者を連れて日本を去った。一八九六年一月末のことである。

伯爵の城のあるロンスペルク（チェコ名・ポペチョヴィッエ）までの長い旅をした。船は、香港へ寄りそれから一路南へ南へ、シンガポールへ着いた時は真夏だった。ホテルへ着いた時、暑さが身にこたえた。

「困ったわ。夏服は全部、先にヨーロッパへ送ってしまったから」

するとと伯爵は、

「外へ出て、洋服を注文しよう」と気を効かせた。

現在のように既製服がないから、わずか三日間の滞在でも夏服を注文しなければならない。

「それに、これから、インドやアラビア半島の港に立ち寄るから、夏服はぜひ必要だ」

町に出ると、活気があり、男たちは裸で働いている。

光子は日本からちりめん織りをたくさん持参しているので、その布で夏服を縫ってもらうように注文した。

船は赤道を越え、インド洋を通り、アラビア半島のアデンに停泊した。

また船は進む。紅海を通過し、ポートサイドに抜けた。もう、暑い、暑い。耐えられない暑さである。

しかも旅馴れたこの船から降りる時が来た。夫婦で聖地エルサレムやエジプトを旅行し、ローマ法王十三世に謁見するためである。

子どもたちはこのまま地中海の船旅を続け、イタリヤで上陸し、オーストリアを通ってロンスペルクの城へひと足先に入ることになっている。

長く、灼熱の航海で、ディッキー（リヒアルト）は高熱を出し、あわや危ないところだったが、回復するほどの生命力がよくあったものだ。

「つらいわ、子どもと別れるのが……」

光子がほろり、とすると、

「私たちがついているから大丈夫です」

と、日本からついてきた乳母と世話人の女性が言った。

にぎやかな船旅に馴れた光子は、船長や皆との別れも惜しかった。

このあと、再び長い旅をして、ようやくお城へ辿り着いた。きっと、子どもたちが待っている——。

城門への道の両側には、町の人々が極東の小さな国からお輿入れの花嫁光子を一目見ようと物見高に並んでいた。

その百年後（一九九六年）、私はボヘミア（チェコやスロバキア）への旅に出た。そして、北のローマといわれた、光子の住んだ栄華のプラハまで足を伸ばした。

また、息子と婚約者に同伴して、彼女の故郷（ポーランドのクラクフ）までの旅でもあった。ウィーン↓チェコ↓ポーランド、このコースは頻繁に通うことになった。つまり、光子の旅、私の旅である。

ボヘミアへのドライブは、当時ウィーン在住（ウィーン国連本部勤務）の息子の運転に負うところが多かった（一人で行く時は飛行機で行ったが）。

彼の勤務に合わせるので、金曜日の夕方ウィーンを出て、チェコに入り、二泊して帰るスケジュールを毎回実行した。これらの旅は、光子の面影を追いながら、私の心の旅となったのである。光子のように息子はフィアンセとの国際結婚を前提にしていた。二人の結婚に対して母親としての気持は複雑であった。

最初、彼から話があった時、家族で一番はじめO・Kのサインを出したのは私であった。新しい世代の者には当然ありうる国際結婚だ（光子は百年前である）、母親が逡巡するのはおかしい、と理解度を見せたのである。

十七歳で米国留学に彼を手離したあの時の寂寥感より考えを深めていたのだ。ドイツのアウトバーン沿いやロンスペルクの手前の丘から「光子の城ポペチョヴィツエ（ドイツ名・ロンスペルク）」をはるかに眺めたあたりなどにはプラムやアプリコットの白い花が盛りだった。

春の日の中で

城門への並木路を通り過ぎながら、光子は船で別れてきた二人の息子たちに会うことで胸いっぱいだった。

村の見物人も目に映らない。後年になって聞いたことには、

「野蛮国からやってきた女なら、鼻輪をはめてるだろうよ」

「お城の伯爵様は金持ちだから、金の鼻輪じゃろうが――」

とか、大変な噂をしていたらしい。

車は門を潜った。夫の家族、親族がずらりと並んで出迎えている。庭には花が咲き、糸杉の木蔭が伸びてさわやかさを感じる。日本を出る時は厳寒だったのに、長い船旅や中東、ローマなどの旅、ウイーンでの滞在をしているうちに、はや春が訪れていた。

馬車から降りると、光子は教えられた通りのマナーで、優雅に
「どうぞよろしく……」

と、一人一人に片膝を折り、握手した。

「こちらがハインリッヒの妹よ」

とか、紹介されたが、

「マリエッタですよ。ハインリッヒの伯母さんよ」

と、にこやかに話しかけた彼女さんが最も印象に残った。

木蔭からその時、子どもらが駆けてきた。

光子は恥も外聞もなく、

「光太郎！栄次郎！」

と呼んで後を追った。

二人の息子は久しぶりに母親を見かけたのに、鬼ごっこ遊びをしていて、また城の裏の方に駆けて行ってしまった。乗馬や柔道の心得のある光子の運動神経は抜群で、うっかり素性を表わし、ロングドレスのまま、裾をひるがえして飛んでいった。

城の影に回り、

「見つけたわよォ」

と近寄ると、乳母にしがみついて息子たちは戯れている。

「マダム、お帰りなさい。坊やたちはこのように元気ですよ」

乳母の日本語を聞いて、緊張がとけた。もしや、母を慕って泣いているかも、と案じていたのだが――。

「ママ――」

と、ようやく光子の方を向いた。春の日の中で、わずかの間にも子どもは成長していた姿が輝かしかった。

パン・ヨーロッパの母

息子のフィアンセの同伴との旅は楽しく、大変役に立った。チェコ語の通訳（時にはロシア語も）、そして彼女のカメラの腕は玄人はだしである。

ポーランドのクラクフ（英語でクラコウ）の出身であるから、観光地のメッカに住んでいるわけである。

昔、王様が住んだ古都（京都と姉妹都市）で、第二次大戦の時、ナチスがいち早く侵攻し、ヒットラーが総督府を置いたので、中世の美しい町は（皮肉にも）爆撃がなくそのまま残ったわけである。そして今、世界遺産になっている。

また、ナチスが造ったアウシュヴィッツ強制収容所への拠点でもあるので、鉄のカーテン崩壊後、クラクフは観光のメッカである。世界中の人々が集まるが、特に日本人がワンサと出かけてくる。

フィアンセは大学生時代に美しい故郷を訪れる観光客の案内をしているうちに、せっせとカメラの腕を磨いた。息子と結婚後は夫のニューヨーク国連本部の赴任時に、写真大学へ通って更に磨きをかけた。

こんな経歴の持ち主で、光子の旅以来、私のカメラウーマンにもなり、日本の雑誌や新聞にも発表している。

ポペチョヴィッツ（ロンスペルク）やシュトッカウ（ボヘミアの森・クーデンホーフの狩りの館）の旅は楽しかった。ポペチョヴィッツの城の修復には、村長さんや棟梁が口を揃えて、

「予算が足りないんです。何とか――」

日本に頼みたいのだ。私も同意し、日本へ一時帰国の折は知人に声をかけてみた。私は微力だったが、日本政府は本格的に援助した。今は日本・チェコ文化協会として、ありし日の城が殆ど修復され、機能をしている。

第二次大戦時にはナチスが入りこみ、クーデンホーフ家族は追われ、城はドイツ兵の兵舎となってしまった。そして荒廃していった。一家は離散してしまった。

後年、光子はウィーン郊外のメドリンクの別荘に次女オルガを連れて住み、長男ハンスはレーゲンブルグ（ドイツ）に行ったが、一時難民になって、街の公園などに貧しい姿でさまよっていたこともある。

リヒアルトはナチスに追われて、イダと共にアメリカに渡った。それでもパン・ヨーロッパ運動は続けたのである。

各々に育てた七人の子どもたちが、一時は苦労したが故に、リヒアルトは兄妹の国籍が違う姿を嘆き、「ヨーロッパは戦争をやめて一つに」を叫んだのである。

そのリヒアルトは日本生まれ、母は日本人なので、光子はリヒアルトの功績が成ると、「パン・ヨーロッパの母」と呼称されるようになった。

楽しく、そして大変な光子の旅、私の旅は続いていく……。

フィアンセは、こう言った。

「ミセス（当時はそう呼んだ）の取材は大変だけど面白いわ。普通の人はきれいな所、有名な所を求めて旅をするのに、荒れはてた城とか、嫌ないわれのあるクーデンホーフ伯爵の眠る墓地などを訪ねるので、驚きの連続。そして新しい発見をするので、私は有意義な旅をして、感激します」

私は、

「あなたがいっしょについてきてくれて、大助かりよ」

と、持ち上げる。本当は息子とロマンチックな旅をしたい時なのに。

ボヘミアの森深い、七曲りの道を運転する息子にも感謝する。

ハインリッヒの墓

ポペチョヴィッツ（旧ロンスペルク）の光子の居城を訪ねたあと、その日のうちに私たちは郊外の墓地に行った。きちんと区画整理された立派な、広い墓地であった。

伯爵の墓は特別な碑である。勉学の徒であり、すべてに万能だった彼は、十八ヶ国語も喋れたのだが、城中でこつこつと独学した部分が大きい。すべての仕事が終り、夕食のあと深夜まで勉強した。

食事のことだが、光子は朝から正装させられ、髪もきちんと結って、テーブルにつくほど、伯爵家のマナーは厳しかった。子どもたちも勿論、三回の食事のたびに正装した。

晩餐のあと、ようやく素顔に戻り、伯爵は語学その他の勉強を猛烈にしたらしい。

「だから、パパは倒れちゃったの」

と光子が娘に語るごとく、無理が崇って、若くして（四十六歳で）寿命は尽きた。

ポペチョヴィツエ（ドイツ名、ロンスペルク）を後にした私たちは、北へ向かって町はずれにあるハインリッヒの墓を訪ねた。この場所は、村長さんも自分の管轄下のためか即座に教えてくれた。

立派な門構えの墓地だが、淋しい野にある。門を潜り、静かな並木をを行くと、ハインリッヒの墓は特別大きいのですぐわかった。一九〇六年、四十六歳没。茫とした野に一人で眠っている。

「私が死んだら、パパの墓の横に、日本の国旗といっしょに埋めてね」

と、後に病床伏していた時、長く看病をした次女のオルガに常に伝えていたそうだが、その光子はここには眠っていない。広い敷地に、目ぼしいものはハインリッヒの墓だけで、はるか奥に、チェコ人の小さな十字架が沢山並んでいる。

後で知ったことだが、それには曰くがあった。第二次大戦中にドイツが侵入してきて、ポーランドと同様に、ドイツ化を計り、ドイツ人がボヘミア一帯に大量に入り、住んだ。ハインリッヒの墓の周囲は、ドイツ人の墓でいっぱいだった。二次大戦が終わると、チェコ人はドイツ人に対して、ナチスに虐待された分以上に復讐をした。

ドイツ人の墓をあばき（ドイツ籍のハインリッヒのも取られた）、この場所をドイツ軍の刑場にした。このハインリッヒの墓は、近年再興されたものである。

そのような恐い場所とは知らず、墓からボヘミアの野を見渡すと、所々にアーモンドの白い花がかすみ、ロンスペルク城の赤い塔がおもちゃのように見渡せた。

私の旅は、光子の旅を追ってボヘミアの野を駆けた。麦畑の緑の絨毯に薄く春の雲がわくボヘミアはどこまでも広がっている。

百年前にこのような所に突然やってきて、光子はかなりカルチュア・ショックだったろうが、夫の愛と子どもたちへの愛で強くなり、よく耐え忍んだ。

光子はこのボヘミアの風景も絵筆を動かしてよく捉えている。

さみしかった光子が、この広いボヘミアで只一人信頼して交際していた人がある。隣村の城主夫妻である。さみしい時、悲しい時、よくそこを訪ねた。

春の雲と追い駆けっこした私たちのジープはその城門にたどり着いた。ルネサンス様式のがっちりした城である。中に入った。

光子の匂いがする。城主夫妻と語らったすてきな居間で私が見たものは――。

十三世紀から十六世紀にかけて建てられた古城は、門前からの印象はがっちりした威厳があり、愛らしい光子の城とは対象的だ。

石の中庭を通り、本館に入る。ダイニング・ルームには美しいカット・グラスのシャンデリアが重厚に下がり、貴族の品格が匂う。

何か光子の匂いもしそうなのは、城の間取りは大体似たような様式からだろうか。よく磨かれた年季の入った家具、食器（ボヘミアン・グラス）、壁の名画、ヴェルサイユ宮殿にあるような陶器のストーヴ、等。

光子の城のありし日の写真を見ると、全く様式が似ている。

図書室へ入って驚いた。偉容な部屋、蔵書がどこかの図書館よりも並んでいる。背の金文字を見たいが近づけないようになっている。

第一次大戦でオーストリア・ハンガリー帝国が負けた時、光子の城の家具、図書、骨董品などは、すべて政府の手でどこかへ持ち去られた。

「北の方へ行ったようです。プラハです」

といわれるが、大の勉強家だった伯爵の蔵書は一部、この城にも運ばれたといわれるが。

城主はトラウトマンスドルフ伯爵で、夫妻はクーデンホーフ夫妻と仲がよく、互いに招待したりされたりした。光子はこの夫妻を大変信頼していた。ホームシックになると、よくこの城を訪ねた。

小ぶりの談話室に入り、

（この辺に光子は座って、マダムとも話したんだだろうな……）

というコーナーの椅子にかけてみた。

可愛い窓が開いている。

「あっ……」

ボヘミアの野がひろがって、雲の動きやかなたの森のささやきが聞こえてきそうだ。光子は自分の城の窓からも、同様な風景を見ていただろう。

まるでわが家にいるようなのだ。

ここでお茶をいただいては、心のやすらぎをとり戻していたのか……。この部屋自体も、光子の城の部屋と似ている。

光子の城（ポペチョヴィツエ）は修復中で、室内にはまだ家具が殆ど置かれていなかったので、私は光子の面影をここで発見した。

夜は、町のホテルに泊まった。

チェコに入って以来、ボヘミアの野に突然表われる村落や町は、中世期の姿のまま佇んでいた。新しい建物がないのだ。

めまぐるしく変わる東京、バンコク。はてはパリさえ、古いものは残しても郊外は開発されている。

東欧の美しさ、歴史の重みを感じる旅である。天井の高い古いホテルは、室内がよく磨かれていて、塵ひとつない。国境からチェコ領内に入って泊ったホテルもそうだった。

屋上のビア・ホールでビールをぐい呑みし、旅の疲れをとった。

ペレストロイカ後のチェコの人たちも西欧の人々と変わりなく、明るいお喋りをして楽しんでいる。旅行者も見えるがすべてチェコ人の国内旅行らしい。

誰も私たちに違和感を持たず、私たちは自然にとけこめて、ゆっくり食事を摂った。

後日ドイツ人に聞いたが、チェコに（特に国境近く）入ると、彼らの視線を一斉に浴びるそうだ。戦時中の恨みである。それを恐れて、ドイツ人は日帰り旅行をして、夜はドイツ領内に戻るという。

ここでも、息子のフィアンセのおかげで私たちはチェコ人の仲間に入れてもらえたのだ。互いに、東欧の隣国同士、仲間意識である。

彼女の喋るチェコ語やポーランド語に、はや憶えて喋る息子、それを誰もうさん臭そうに思わなかった。

私は、グラスを上げて、

「ナ、ストロヴィア（乾杯）！」

唯一知っていることばを張り上げたが、つけ焼刃か。

夜、床に入った私は、もう疑いもなく、彼女に傾倒し、（二人はふさわしいカップルだ）などと親馬鹿の夢を見た。

ボヘミアの森へ

次の日は、町より南西のドイツ国境に近いボヘミアの森へ向かった。勾配がどんどん上がる七曲がりの森の道を行くと、そのどん詰まりに、城の塔が早春の空に突き出ていた。光子の愛したシュトッカウの館、夏の別荘としてハインリッヒが光子にプレゼントしたものだ。

楽しかったハインリッヒとの十年間には、毎夏子どもたちを連れて、ここに保養に来た。ま

ドイツ国境近くにあるシュトッカウの夏の館。
光子が夫から買ってもらった。

た、第一次大戦がはじまると、既に未亡人だった光子は、幼い子たちを連れてここに避難した（長男と三男は戦地へ赴き、次男のリヒアルトは病弱を理由に兵役を免れる）。

道よりひときわ高い山上に館はある。車から降りて、雑木林の中を登っていった。入り口に村役場の案内板があった。

「この城は、元は修道院だった、と書いてあるわ」

と、息子のフィアンセが説明する。チェコ語が読めるのでまことに助かる。

ボヘミアの野ではアーモンドが花盛りだが、この山ではまだ蕾が多く、二分咲きぐらいである。午後の空に雲が行き交い、青空が見え隠れしている。それを背景に玉ねぎ型の塔がよく映える。

「なるほど、修道院を伯爵は買い取ったのね」

朽ちかけて冷たく閉ざされた扉は、光子が頑なに口を閉ざしているようだ。

夫亡きあと、ロンスペルク城やこの館に籠った光子は、人を避けるようになった。ウインナー・ワルツを踊った光子の輝かしい表情は失われてしまった。窓や塔から見えるボヘミアの景色を、ひたすら絵筆で描き続けたという。

「ちょっと、こっちに広い館があった……」

修道院の横は、無造作な板切れで封鎖されているのだが、間隙から覗いて息子が叫ぶ。

私たちは写真を撮りまくった。中には広い庭があり、その奥に横長の大きい館が朽ちて佇む。一瞬、ありし日の面影が浮かぶ。七人の子どもたちが庭を駆ける姿。当時としては珍しいカメラ好きだったハインリッヒは彼らの姿を何枚も収める。そして、美しい光子にフォーカスした。ここは周囲が森なので、ハインリッヒの狩りの館でもあった。

私たちは先を急いだ。ロンスペルク城からさほど遠くない（十数キロ）ホロヴスキィ・ティンの町を目指した。この町はポペチョヴィツエとも鉄道で繋がっている。

かなり大きな町だ。ホロヴスキィ・ティン城は、町の小高い丘の上にあった。城の前の町並みは、中世紀そのままの佇まいでルネッサンス式の建物がきれいに並んでいる。見学時間を過ぎたので、城門は固く閉ざされたままだったが、二度目に訪れた時のことを書く。

中世の町

中庭を囲んだコの字型の大きな城だ。当時の城主トラウトマンスドルフ伯爵夫妻にやさしく声をかけられて、夫の死後、光子が訪問したのはこの城のみであった。既に鉄道があったから、一世紀前にしては簡単に往来できた。（因みにウィーンとロンスペルクは十日行程。今では半日行程）。それでもひとたび訪れれば、何日か泊ったであろう、光子が心を許した唯一の友人であった。

チェコ美人のガイドさんに聞いてみたが、光子やハインリッヒ、ここの城主さえ知らなかった。無理もない、幾多の複雑な戦争をくぐり、揚げ句の果て、共産国として閉鎖的になってしまった国では、真実の歴史など語られていないのだ。彼女はただ、数人のチェコ人のお上りさんと私たちに各部屋の名前、家具調度の説明をしているだけである。

私にとっては興味津々、居間の調度を見ては、

（光子がここに坐り、伯爵夫人とお茶を飲み、語らったに違いない）

とか、食堂のシャンデリアを眺めては、

（この光の下で、たまに友人と気を許して食事をしたのだろう。その時はナイフ、フォークの手さばきも馴れて……）

などと想像を巡らした。

図書館では、はっとした。戦後、ハインリッヒの厖大な蔵書の半分はここに、半分はチェコの博物館にチェコ軍によって運ばれたらしい。思わず、本棚の傍に寄り蔵書の背文字を見ようとしたら、

「絨毯には踏み入らないでください」

と、美人さんにたしなめられてしまった。

家具調度、骨董の類も、この城にかなり運ばれたと聞いているので、そういえばハインリッヒの趣味だった東洋調の家具があるのだ。美人さんに聞いたが、チェコの物です、の一点張り。いずれ、ロンスペルク城の改修が終わると、ここからもかなりの物品が、元に収められるそうである。

さて、最後の訪問はそこから更に数十キロ東のクラトヴィ市の古文書館が目的である。ボヘミアの野を一路東へ東へ走った。周囲はなだらかな丘の広がる田園風景である。一面に緑、緑。たまに町が現れる。赤い屋根、白壁やレンガの家々。町の中心には必ず教会があり、その塔が高くそびえている。中世時代そのままに息づいて、近代的ビルなどないお伽の国だ。

あまりの美しさに、途中の丘で一休み。緑の風に吹かれながら、眼下にひろがる中世の町を堪能する。青空とボヘミアの丘の緑と町の赤い屋根。数十キロの道ひと筋の両側は、全部この景色だった。

クラトヴィの町に着いた。ホロヴスキィ・ティンの町より更に大きく、大都市だ。古文書館は元の監獄を改造したものだと聞いたが、さて、そこに行き着くには……。

町の中心に入った。丘の上に大きな教会が見える。一方通行の道をぐるぐる回ってそこに着いた。教会の前は石畳のスクエアになっていて、日曜日とあって、バザールが開かれている。

人でいっぱいだ。

市庁舎のインフォメーションで町の地図をコピィしてもらい、元監獄はどこだと聞いた。地図で指した所へ走ってみたが、町はずれの淋しい所で、見当が違う。フィアンセに堪能なチェコ語で町の人々に聞いてもらった。

何人目かで、親切なインテリに会い、現在の裁判所だとわかり、その場所をやっと探した。中へ入ると、

「ここは裁判所ですよ。古文書館ではありません」

廊下で官吏がそう言う。ちょうど四時半で閉館になり、泣きたい気持だった。

プラハへ

私たちはボヘミアへ何回も行き、縦横無尽に駆けた。光子の面影は処々にあった。資料にも行き当たった。ロンスペルク城は荒らされても、日記などはある所にきちんと保管されていた。光子の口述をオルガがドイツ語で記録しているが、それは日本人の光子の記録である。彼女がボヘミアで生きたという証であった。

究極は北のローマ、プラハまで足を伸ばした。夫がプラハ大学で学究した時、彼女も随伴し

ている。芝居の好きな光子が通った劇場やカフェ、大好きだったホテル・エウロッパなどが世紀を超えて輝いていた。

タイムトンネルを潜って中世紀そのままの姿ではあるが、私には歴史や文化が輝いて見える。そんな一角のカフェ・テラスの椅子に座って、彼女の昔日に浸る。午後の陽ざしに影を映すポプラ並木の向こうに光子が……。

あっ、光子だ！

夫と並んで馬に乗り、道行く人々に東洋の微笑みを送る。

「あっ、東洋人だ」

「何て美しい、神秘的だろう……」

民衆は野蛮国の人とは気付かない。

「シナ人だろうか」

伯爵はプラハ大学で哲学研究の最中だった。

「ダーリン。博士論文が早くパスするとよいわね」

馬の歩調に合わせて引く手綱の手さばきも堂に入っている。

石畳をめぐりめぐって、二人はカレル橋のたもとまで来た。ゆるやかに流れるモルダヴ川には、船が行き交い、両岸の樹木を映す流れがゆれている。

見晴るかすフラッチャニ丘の上にはプラハ城の尖塔がまぶしい。
「ダーリン。あしたは日曜日よ。あの城中の聖ヴィート教会へお参りしましょう」

カレル橋

私たちはいま、カレル橋の中ほどにいる。周囲のノイズで光子の面影は消されてしまった。橋の上には画家や音楽師、物売り、観光客、雑多なものが混じってプラハは息づいている。もう、とっくに鉄のカーテンは取り除けられ、自由な国になった。

欄干に寄れないほど、人々で埋まっている。私たちは、あの城の上まで行こうとしているが、車を橋の向こうに駐車させて、徒歩で登っていくつもりだ。

橋を渡れば左側の一角に日本大使館がある。ウィーンで会った光子の孫ヤコブさんはプラハで生まれた。父親（光子の三男）がプラハ大学の教授をしていた時である。

成長して彼も、プラハ大学で教えた。その後、日本大使館に勤めていた。

彼は、今織維会社の社長だが、大変な発明家である。特許をいくつも持っている。彼をウィーンの家に訪問した時、庭に出て、
「あそこにも秘密があるんですよ」

と芝生の中ほどを指さした。

「地下に室内プールがあるんです」

両親や祖父母に似て利発である。

「光子おばあさんの思い出は？」

「残念ながら、あまり憶えていません……。祖母の亡くなった時は、三才でしたし、プラハにいたから、思い出といえば遺品だけです」

部屋には観音様の銅像が置いてあった。

向かい合って話をすれば、どこか日本の匂いがするが、外観は全くヨーロッパ人だ。

「写真がありますから、どうぞ写してください」と額入りの光子の写真を何枚か提供してくれた。

「あなたの書くストーリィが成功しますように――」

とまで言ってくれた。大柄で、寛容で、穏やかな人、会ってほっとする人。やはり日本人の血が通っているからだろう。

私たちは英語とドイツ語で話し合った。

その夕刻、ウィーンの町を一人で散歩していると、ダスター・コート姿の女性がほほえんで近づいてきた。私はうかつにもポカンとしていると、

「あのう、あなたはメモ帖を忘れましたよ」

「あっ、マダム・クーデンホーフ！」ヤコブさんの奥さんだった。

大事な取材ノートを忘れてきてしまった。

「もう一度いらっしゃいますか」

行きたい。もう一度あの紳士にも会ってみたいが、

「時間がないのです。あした、チェコへ行きます」

息子のウィーンの自宅に郵送するように頼んだ。

カレル橋からヤコブさんのイメージになってしまったが、いつの間にか私たちは城への長い石段を喘ぎながら登って行った。

黄金小路

ボヘミアの野は広大でも、何と陸の孤島だろう。海がないのだ。

光子は東京湾を眺めて育ち、伯爵とハイカラなものを買いに横浜へ行くと必ず、港を散歩した。日本が島国でも、果てしない紺青の海を見た時、開放感を味わったものだが、ボヘミアは野、また野、行きつくところは深い森であった。

日本恋しや。

そんな時、城の庭や、城の尖塔のスペースにイーゼルを立て、風景を描くと気分が和らいだ。もっとホームシックになると、トラウトマンドルフ伯爵の城を訪れ、談話すると心のみそぎになった。

光子の住んだボヘミアを巡った私たちは今、光子の住んだ町・プラハの城内にいる。城の上から眺めるプラハの町は荘厳で、栄華を極めた時代の重みが伝わる。バロック様式の聖ミクラーシュ教会はひときわ目立つ。

城内の建物はどれも歴史の宝庫で、全部を見て回る時間がないので惜しい。

聖ヴィート教会の中は参詣者と見学者で溢れていた。光子は江戸っ子で、典型的な日本人だったが、伯爵と結婚してからは彼よりも敬虔なカトリック信者になった。きっと、この教会も訪れていることだろう。

十四世紀から着工をはじめ、ゴシック建築から様々な形式を経て、全体が完成したのは一九二九年だった。

私は城内で最も訪ねたい所がある。黄金小路である。

そこは華やかな建築群からそれた、城内でも隅っこにあった。ここだ、ここだ、遂に探し当てた。この区画は、城内の身分の低い者たちの住居だった。狭い小路に長屋が続いている。ルドルフ二世他歴代の王たちは、錬金術師たちをここに住まわせた。

王曰く。

「わしは、この優雅な世に、いつまでも永遠に生きていたい。皆の者、不老長寿の薬を作り出せ。黄金も作ってくれ、ざくざくと」

彼らはせっせと金を練った。王様のために。教会に使う黄金のために果たして、不老長寿の秘薬はでき上がったのだろうか。

不老長寿の薬といえば中国の徐福のことが浮かぶ。彼は秦の始皇帝から、

「卑弥呼の国（日本）へ行って、不老長寿の薬を探して来よ」

徐福の一団は日本へ来た。はたして探し当てただろうか。彼らは日本で果てた。

今、（少子化をよそに）日本は最も金さん銀さん国である。わかめ、りんご、小魚などを食べている人たちが長生きしている（現代の若者は、逆に女性ホルモン入りのハンバーガーや農薬野菜で脳を破壊されている）。

古代の日本列島はさぞや、いろんな長寿の薬があったろう。水は清らかで、麻（一種の薬）が列島中に生え、空気は澄み、海の幸山の幸がいっぱいで、金さん銀さんがざらにいたのかもしれない。

黄金小路に話を戻そう。

この長屋に一時、作家のカフカが住んでいた。私はいち早くその家を探し、入ってみた。狭い家に見物人がいっぱいだ。

カフカは外国に憧れ、一度行ってみたいと思いながら、一度も果たせなかった。

さきほど佇んだモルダヴ川の右岸にユダヤ人街があるが、彼はそこで生まれた。

そこのユダヤ人たちもナチスの犠牲になったが、カフカはその前に人生を終った（戦争記念館も訪れた。痛ましい！）。

光子とほぼ同世代の人だ。

光子は日本に帰りたいホームシックにかかりながら、一度も果たせなかった。カフカも狭い所に住みながら、外国を訪れる機会はなかった。（だから〝城〟という作品で、虫の世界になぞらえて、広い世界を書いた）。

二人の身分差は違いすぎた（伯爵と長屋の人）が、そのような線を越え、二人とも人間として真摯に生きていることに感動を覚える。

人間には階級がないのだ。贅沢に暮らそうと、ナチス狩りに息をひそめて暮らそうと、人間の本質は平等である。

アグネシカの町

私の旅の終りは、来ました、クラクフ（英語・クラカウ）へ！　カメラウーマンとして同行してくれたアグネシカの町、クラクフ。

日本から出国し、途中、東南アジアやエジプト、ローマ、ウィーンなどを経てロンスペルク城に辿り着いた光子の旅は、ボヘミアの野をめぐり、一生が旅だった。

日本を夢枕に、ボヘミアでいかに一生を終えたか。最後はウィーン郊外のメドリンクの山荘が安息所であった。

ヨーロッパに根付いた東洋の華《はな》とはいえ、光子は大和魂を失わず、一生が旅路だったのではなかろうか。

今、ウィーンの墓地に眠っていても、夢は日本を駆けめぐっているのでは、と思う。

私の旅は光子を追って北のローマ、プラハにまでやってきたが、不老長寿の妙薬も黄金小路のカフカの家で探した（それはひみつ）ので、最後はアグネシカの町へやってきた。

町の中心の「市場広場」のにぎわいは、つい昨日まで社会主義国だったとは思えない。東西を結ぶ十字路だったこの市場は、中世紀の繁栄時代を思わすほど今、盛んだ。

まるでパリのように自由な感じがする。広場には赤いパラソルが広がり、人々はカフェを楽しんでいる。骨董市があったり、軍隊の行進も行われているが、平和でおもちゃの国の楽隊にすら見える。

市場の中心に立つ像は、ポーランドが誇る国民詩人、ミーケヴィッチである。

東側に立つ教会は、聖マリアッキ教会で毎日十二時になると塔の窓が開いて人形が表われラッパを吹く。昔、東からダッタン人が攻めてきた時に警告を鳴らしたその名残りで、今でもその習慣がある。

西側の立派な建物は、貿易市場であったが、今でも名店街で、ポーランドの物産を売っている。特にカットグラスがよい。私は帰りには沢山買った。

アグネシカの両親にも会ったが、重要なことを打ち解けて話してくれた。

第二次大戦にはナチスが入ってきて、街はドイツ化された。ユダヤ人は次々に逃亡しはじめ、北へ北へ、先ずリトワ（現リトワニア）を通り、モスクワへ、そしてシベリア鉄道にゆられ、満州や日本、アメリカへ渡って行った。

まごついている人たちは、アウシュヴィッツのゲットーへ送られる。クラクフの町なかにもゲットーが出来てユダヤ人たちは収容された。

「気の毒です。この辺がそうです」

と、引っ込み線が残っている地区へ案内してもらった。

ポーランド人はドイツが敗戦になった時ほっとしたが、イギリスが助けにくるかと思いきや、東からソ連軍が侵入してきて、あっという間にソ連の衛星国になってしまった。

祖父は町の名士でヤギェヴォ大学（コペルニクス出身校）の教授だったので、息子の彼は要職に就くことができた。一般の人より待遇が良かったのだ。

ナチスの苛酷さとは違って、ソ連の方が理が通り、働き易かったという。

彼らは今、自由をしみじみ味わっている。そして現在はEUに加盟した。人々は文化やショパンを誇りにしている。この町はすっぽり「世界遺産」に登録されているほど、歴史の宝庫である。

日本と比べれば（奈良、京都を除けば）日本の近代文化など安易なもので、日本人が一時の繁栄で世界におごりを見せたことなど恥ずかしい限りだ。世界に伍していくためには、主体性の確立や個人の意識改革をせねばならぬと思う。それでなければ、伝統文化を誇り、品位を保っているこの国の人々を理解できないであろう。

そのことは、タイ・日関係にも置き換えることができる。タイに住んでタイ人の価値観や文化歴史を知らなければ、タイ人とは伍していけない。

アグネシカの母のすばらしい手料理をたっぷりご馳走になった。デザートは何と桜の花を模した大型のショート・ケーキ！　私への大歓迎である。

それを分け合いながらアグネシカは

「父の姉で、厳しいおばさんがいるの。親戚の人は彼女と会う時は緊張するのよ。でも、ママはフリー・パス。おいしい手料理を作ってあげるから」とウインクした。

クラクフとチェコを結ぶすばらしいアルペン・ルートともいえるザコパネ山脈がある。皆でドライブし、ケーブル・カーにも乗って眼下を見下ろすと、ピクニックで手を振っている人々がいた。

「この山はナチスの統治時代、パルチザンが行き交ったルートです」父の声は重かった。

クラクフで息子たちと別れた私は、光子の旅とも別れ、一人で私の旅を続ける。帰りは飛行機にしよう。

今、アグネシカは国連職員となり、東欧ミッションとして飛び回っている。二人は結婚した。

［3］古都クラクフ巡礼

ナチス占領下のクラクフ

ナチスは占領と同時に、総督府をクラクフに置き、クラクフのドイツ化を計った。

アグネシカの父・アンジェイは語る。

「占領という言葉を知っていても、それが実際、人の暮らしにどのような影響を与えるかは、その時までわかりませんでした」

ポーランド人は、自由の制限とかドイツ人への服従といった漠然とした観念は持っていたものの、その後に起こった数々の悲劇を予測できるはずはなかった。

人々は恐怖におののく悲惨な毎日を送った。人権を奪われ、知識・教育・文化を略奪され、労働力としてしか見なされない屈辱をなめさせられ、人々は路上でドイツ軍に捕獲され、労働キャンプに送られた。ナチスの虐待は、ユダヤ人のみならず、ポーランド人にも行なわれたのである。

一九四〇年一月に、ドイツ軍はゲシュタポ指令本部を設置するため、アンジェイたち家族の住む建物と周辺四ブロックの立ち退きを命じた。更に十二月には移転先をまた追われることになる。当時、最も近代的な建物の多かったその地区に、ドイツ人租界を設置することになったためである。

アンジェイの家族は、ユダヤ人街カジュミエーシュ地区のスタロヴィシュナ通りのアパートに移転させられ、終戦までそこに住まわされた。ユダヤ人たちは、近くのヴィスワ川対岸のポドグジェ地区に既に移されてしまっていた。（四ヵ月後、そこにはユダヤ人ゲットーがつくられる）。

大量のドイツ人がクラクフに移ってきた。間もなくアパートが不足しはじめ、彼らはポーランド人の住むアパートの空き部屋にまで住み込んだ。

アンジェイのアパートにもドイツ軍の下士官が住んだり、オーストリア人（当時、ドイツ・オーストリアは合併）のルラという女性もウィーンから入ってきた。

彼女は子供好きで優しかった。実は、町の中にドイツ人の子供専用の遊園地まで作られたが、ある日彼女はそこへアンジェイと妹を連れて行ってくれた。

「約束してね。遊園地ではポーランド語を一切喋ってはだめよ。シッ。さあ、行きましょ」

彼女は二人の手をとって出かけた。

そこには大きな風車が設置され、いろんな遊具があり、ドイツ人の子どもたちでにぎわっていた。子どもたちは高いすべり台の上までエスカレーターに乗り、滑らかにすべり降りた。下ではヒトラー・ユーゲント（ヒトラー少年隊）の制服を着た二人の少年が、子どもたちを受け止めていた。

エスカレーターの前には長い列になって、ドイツ人の子どもたちが辛抱強く順番を待っていた。しかし、そんな地上の楽園を始めて見たアンジェイはすっかり興奮し、ルラとの約束も忘れてしまった。列の先頭に割り込み、

「ぼくの番だ！」とポーランド語で叫び、すべり降りた。

下ではルラと士官が大声で口論していた。

「ポーランド人を連れてきたな。君の責任だ」

「いいえ。『準ドイツ人』の子どもです。まだ、ドイツ語が良く喋れないんです――」

アンジェイらは難を逃れた。

ルラは、クラクフの中央郵便局の官吏だった。ある日何気なしに口笛を吹きながら、廊下を歩いた。その曲がポーランド国歌だったと密告されたため、クラクフから追放された。

アンジェイの父のこと

戦前、アンジェイの父はクラクフ市庁の高級官吏だった。加えて大学教授もしていたので、豊かな家庭だったが、占領期間中は窓際に追いやられ、福祉課の一職員にさせられた。収入も低くなり、朝晩、内職の編み物をしていた母の姿を、アンジェイはいまでも思い出す。

福祉課の職員としての父は、ユダヤ人ゲットーに入る許可証を持っていた。配給のパンを抱えては、父はゲットーへ行き、暗い表情で戻ってきた。

「パパ、どうしたの」アンジェイが聞くと、

「子どもは聞いちゃいけない。パパはお仕事で訪問したんだ……」

と、なだめられ、答えなかった。

一九四二年八月のことだった。ある日突然、父はクラクフを去った。その夕方、ゲシュタポがアパートにやってきて母に詰問した。

「私の知らぬ間に、どこかへ行ってしまったんです……」

彼らは行ってしまった。彼らは、お尋ね者が見つからない場合は、家族を連行することがあったが、母の機転で、家族は難を逃れた。

「父は……何らかの地下組織に関係していたに違いありません。しかし、彼は戦後になっても

そのことについては、一言も漏らさなかったし、私たちも聞きませんでした――」

アンジェイは回想する。

「占領期間中、三人の男が毎週、定期的にうちのアパートにやってきていました。ドアを閉めたまま、父と話し合っていたんです。彼らは同志だったんですよ」

一九九四年のある日のラジオ放送を聴き、アンジェイは胸を轟かせた。父の名前が語られていた。チホチェムニ（静かな暗黒）についてのインタビューだった。その組織は、戦争中にイギリスで訓練を受けたポーランドの特殊部隊の名前である。インタビューに応じた人は、「フランチシェック・ワパ博士（父）は、クラクフの反スパイ活動の責任者だった」と言った。

ナチ占領下のクラクフについての文献では、当時、ドイツ軍はポーランドの地下組織を数日おきに摘発して、検挙された者は銃殺されるか、アウシュビッツ送りだった。そのような状況下で、父が潜伏し、地下活動をしていたことはまさに奇跡だ。

ソヴィエト赤軍

五年四ヶ月と十二日に亙るナチスの占領から、クラクフは遂に解放された。しかし、解放したのは人々の予想に反して、東からやってきたソヴィエト赤軍であった。赤軍は一九四五年一月十八日にクラクフ入りした。

その日の朝、ドイツ軍は、南のザコパネ方向に退却していった。大爆発音がしたのでアンジェイ（十三歳）は、窓によってみた。彼らは追っ手の足を止めるため、近くのヴィスワ川にかかる橋を爆破したのだった。

「赤軍がドイツ軍を追撃するぞ。見に行こう」

アンジェイは友だちと、パヴェル城の川岸まで駆けて行った。見物人の人垣ができていた。ソ連軍は一列縦隊で、凍りついたヴィスワ川を渡って対岸に行った。

続いて、人を乗せた馬車が渡りはじめると、氷が割れ、車が沈みかけた。対岸に渡った兵士は何も手助けしなかった。こちら岸で兵士の渡河を整理している女子兵士に、

「あっ、あの兵隊さんたち、溺れてしまう！」

ポーランド人たちは騒然とした。彼女は、

「兵隊は他にも大勢いるわ。後から千人が来るから」

と言いのけたので、アンジェイはショックを受けた。ソ連では人命など軽く見られているのか……。

クラクフから南へ三十キロの村に叔父の家（農家）があった。パルチザン兵も同居していた。退却するドイツ兵は処々で略奪の限りを行ったが、叔父の家では牛を持っていこうとしたので

パルチザン兵が彼を射殺した。その見返りにドイツ兵たちは家に火を点け、一人で家を守った叔父の命と、家屋財産を灰にした（家族は森に隠れ、助かったが）
第二次大戦では、ポーランド人口の十七パーセントに当たる六百万人の命が奪われた。国民の六人に一人が戦争で亡くなったわけである。

戦災をまぬがれた古都

クラクフは、大戦中ナチスの総督府が置かれたため、戦災を免れた。だから、中世の面影をそのまま留め、町はユネスコの世界遺産に指定されている。

かってこの町は王国（十四―十八世紀。最盛期はヤギエヴォ王朝）として栄え、ヨーロッパの中央という位置からも交易が盛んだった。

町の中央には、ウイーンのようにグリーン・ベルト（緑地）がぐるりと取り巻き、旧市街はその中にある。郊外から入ってくる美しいヴィスワ川が町の中を静かに貫流している。

旧市街の真ん中に大広場がある（通称、市場広場）。その中央に堂々とした「織物会館」（百メートルの横長）が、歴史の重みを伝えている。中世には、東西南北の国々から集まる商人たちが、この会館や広場で交易をした。「ペルシャの市」ならぬ「クラクフの市場」である。

現在、会館の中は商店になっており、ショッピングのメッカだ。ポーランド特産の高級品からみやげ物まで、無造作に売られている。特にカット・グラスや銀製品、皮製品、琥珀がお買い得である。

一つ一つ仕切られた売り場の台を見ると、部厚い板でできているが、それが磨り減ってもなお、磨きがかけられ、年代を感じさせる。

ここでシルクロードを通ってきた絹や絨毯が、「一反いくら、はい、お買い得だよ」と、売買されたことだろう。通路の天井に下がるシャンデリアも、当時そのものだ。

市場広場はチェコのプラハの広場や、ウイーンの聖シュテファン寺院前の広場よりはるかに広い。

東側の広場の中央に、国民詩人のアダム・ミーケヴィッチ像がある。二葉亭四迷の親友ピウスツキは、子どもの頃母親から彼の詩を聞かされて育った。というのは、当時、ポーランドは存在しなかったので、祖国の言語を忘れないためにも、母親はポーランド語の詩を読んでくれたのだ。

織物会館の隣に、旧市庁舎がある。かっては、アンジェイの父もここで働いていた。中は博物館になっている。暗い階段を上がり、各階の展示を見ながら三階までくると、はるかに高く感じる。小さな窓から覗けば、広場では日曜日の催し物がはじまっている。子どもたちの民族舞踊、ポーランド兵の行進など、半世紀前が嘘のような平和な光景だ。

城塞都市の遺跡

クラクフには数多くのカトリック教会があるが、この旧市街には最も有名なものが二つ、その塔を空に突き出している。

その一つの聖ヴォイチェハ教会（別名聖アダルベルト）は、ポーランドで最古（一〇世紀）の教会であり、旧市庁舎と対称的に建っている。

それから、二本の美しいゴシック式の尖塔が空を区切っているのは聖マリアツキ（聖マリア）教会である。三つの本堂を抱え、堂々たるものだ。見る方向によって印象が違う。

尖塔の窓から毎時間鳴りひびく、時を告げるラッパの音は、ポーランド中に伝わり、中世に戻ったようである。この謂れは、中世にタタール人が攻めてきた時、警報を吹いたのであるが、その兵がタタール人の射た矢で倒れた。町を救った彼の意志を継いで、以来毎日、一時間毎にラッパは吹き鳴らされている。下では、世界中からの観光客が見つめている。

旧市街には、ヤギェヴォ大学（クラクフ大学）が美しいゴシック建築を横たえている。ポーランド最古の大学で、中欧ではプラハのカレル大学の次に古い。コペルニクスやパウロ二世・

クラクフ市場広場にある聖マリアツキ教会。

ローマ法王などが学んでいる。私が訪れた時にはアプリコットの花が咲くキャンパスに、コペルニクス像が印象的だった。

クラクフの街には確たる城壁があったが、十九世紀に取り壊された。フロリアンスカ門と円形のバルバカン要塞が、昔の城塞を偲ばせる唯一の遺跡だ。円形の要塞は、ヨーロッパに数ヶ所しか残っていず、これが最大級のもの。とはいえ円形をなし、可愛い四つの塔（向きによって、二本や三本に見える）がそびえ立つ様は、おとぎの国へ迷いこんだような幻想を抱かせる。

そこからすぐ近くに、チャトリスキ美術館があるが、ヨーロッパやポーランド美術（絵画・彫刻・骨董等）の粋を収集してある。中でも、世界で三枚しかないダ・ヴィンチの油絵肖像画の一枚がここにある。その「白テンを抱く貴婦人」は見逃せない。

中央広場で乗った馬車は、これらの場所をゆっくり回ってくれる。降りたい所で降りて見学できる。時には静かな教会の裏通りを走ったり、古い石畳に響く蹄の音は、中世の世界そのものだ。馬車は最後にパヴェル城の前で終る。

ここから坂を歩いて、城門に登る。ヴィスワ川のほとりに位置し、遠くからでもクラクフの存在を示してくれる。

ここから坂を歩いて、城門に登る。ヴィスワ川のほとりに位置し、遠くからでもクラクフの存在を示してくれるパヴェル城。最も栄えたのはヤギェヴォ王朝だった。

いよいよタワーの前に辿り着いた。ゴシック式やルネッサンス様式などの数塔がそびえる前に立つと、偉容な文化が伝わってくる。歴代の王たちによって次々に建立された塔は、その時代の様式を誇り、全体がみごとなハーモニーを成している。中でも金のドームのジグムント・チャベルは見ものだ。

城の中は博物館になっている。地下には歴代の王や英雄の墓が収められている。第一代大統領ユゼフ・ピウスツキのもある（プロニスワ・ピウスツキの弟）。

中庭の奥に王宮の住居が広がっているが、その前に不粋なコンクリートの建物があるので、前面からは見えない。その建物のことを聞くと、

「ナチスのフランク総督が建てたものです」という。

ここに総督府があったのだ。

城からヴィスワ川を挟んで、近代建築が見える。「日本美術・技術センター」だ。一九九四年十一月に設立された日波文化協会である。日本のＪＲ総連とポーランドのアンジェイ・ワイダ監督が音頭をとり、実現した。

中には、一世紀前に日本マニアだったヤシェンスキ氏が七千点もの収集をした日本美術品が展示されている。圧倒的なものは、四千六百点の浮世絵だ。センターは、日波カルチャー・スクールとしても活動している。

ピウスツキと二葉亭が、神戸に私的な日波文化協会を作ったが、歴史のはざまに消えてしまった。それが百年後に甦った感がする。

十四世紀にカジミエーシュ大王がクラクフ以外の町として作ったカジミエーシュ地区は、その後ユダヤ人地区となった。広場の一角にシナゴーク（今は博物館）があり、ユダヤ人共同墓地も地区内にある。

アンジェイ談によると、ドイツ人が町を占領したので、この地区にポーランド人が住まわされ、ユダヤ人はヴィスワ川対岸のボドグジェに移住させられた。そこに案内された。

「この辺がすべて、ゲットーだった所です。この壁は唯一、残っているものです」

無残な壁には花束が供えられていた（映画「シンドラーのリスト」の背景になった場所）。

三回目に訪れたクラクフは緑いっぱいの六月（一九九八年）だった。六月に結婚すると、花嫁は一生幸せになる、という謂れが欧米にはある。だから六月は結婚式のラッシュだ。

はからずもその日、私はアンジェイの娘さんの結婚式に招かれた。市庁舎に登録にくる新婚さんが次々に到着する。花嫁さんも客も、ポーランド女性は美人ぞろい。私は幸せに包まれたアグネシカさんにカメラを向けた。彼女の微笑は長い圧政を乗り越えた自由なポーランドの新世代のシンボルのようであった。

実は、息子とアグネシカの結婚式だった。二人は結ばれた。光子を求めた私の心の旅は、二人のゴールインへの旅でもあった。

II

アジア遺聞

モンゴルで。右から2番目が作家・国会議員（当時）のラスプーチン

[1] ラオス人モニクのはるかな道

日本軍による拘留

二十世紀には大きな戦争が二つあった。日本は第二次世界大戦に敗戦したことにより、政治、経済、文化、教育、人心はずいぶん変わった。新憲法により、戦争を放棄したとはいえ、この半世紀にも世界のどこかで様々な戦争や紛争があった。戦争は人の動きを変え、祖国を捨てざるを得ない場合もある。そのとき人はどう生きるのか。

二十一世紀こそ戦争のない地球にしたいと願ったのに、新世紀のハナから世界の人々は緊張に巻きこまれている。

私は日本人としての主体性を失いたくないとしみじみ思う。特に外国に住んで外側から日本を見る時、そう思う。

私は夫の勤務に付随して一九七二年以来、タイに住んでいる。時には日本へ往復することもあるが、何年外国に住もうと、外国人の良き友人を持とうと、私のアイデンティティ（自己を確認する帰属意識）は日本人である。また、タイの友人も私を日本人として見ている。

私と同様な気持を抱くラオス人の友人モニク、六十九歳の半生を辿ってみよう。一九九四年に取材でラオスに行くときに、案内人にと友人が推薦してくれたのである。ソ連が崩壊し、ラオスの経済開放がはじまった、ちょうどそんな時だった。

バンコクから飛行機でひと飛びにラオスの首都、ビエンチャンに着いた。メコン河の川岸にほど近いフランス風レストランに、モニクを訪ねる。

彼女は私と同世代と思われる年恰好で、両頬にキスをし、抱擁してくれたので、おや、と思った。ラオス人なのに西洋風の挨拶をしたからである。

「私、フランス国籍なの。パリにいたんだけど、最近、ラオスのペレストロイカがはじまったので、こちらに来て、このお店を持ったの。さあ、夕食を食べながら話しましょう」

と如才ないが、いろいろわけがありそうだ。

「どちらがいいの？　フランス料理？　ラオス料理？」

私は即座に、

「では、ラオス料理を……」と答えた。

たったひと間の可愛いレストラン、テーブルは六つで、奥にバーがある。テーブルにはフランス風の赤白チェックのクロスがかかっている。壁はいっぱいにフランスの風景写真で覆われ、パリの下町のレストランにいるような気分だ。

でも、小さな飾り棚にはラオスの置物とか仏像が並んでいて、フランスとアジアのミックスした雰囲気がすてきである。

「さあさあ」

「ま、おいしそう」

「私、コックは使ってないのよ」

オーナーの彼女自身が作ったという。いつしか彼女自身の話をも、聞き始めていた。

モニクが南ラオスで生まれた頃は、国土は仏印、フランス領インドシナ（ベトナムとカンボジアも含む）と呼ばれ、フランスの植民地であった。

父は高級官吏で、ビエンチャンからハノイの税関に家族を連れて赴任した。モニクは半生で当時が一番幸福な日々だったと語る。

だが、仏印はモニクが八歳のとき、大きな戦争の渦に巻きこまれた。

一九四〇年六月、ヨーロッパ戦線でフランスはドイツに負けたので、日本軍は九月に北部仏印へ侵入、翌年にはサイゴン（現ホーチミン）にも入ってきた。

同十二月八日、太平洋戦争勃発。

国中に日本軍が展開した。約一世紀のフランス支配から解放された仏印の人々は少し喜んだわけだが、日本軍は尊大になり次々に狼藉を働いた。

敵性外人（フランス人、その混血者）狩りはひどかった。少しでもフランス人の血が混じるベトナム人やラオス人は片っ端から捕えられ、そして処刑された。

モニクの祖父はフランス人で、父親は混血であった。三人の日本軍兵士はついに彼女の家に軍靴を鳴らして侵入してきた。

「貴様、フランス人だな。ひっ捕える！」

父に向かって、どなり散らした。

夫婦と八歳のモニクをかしらに、七人の子どもたちは一列に並べさせられた。一人の兵が、長い日本刀を抜き、父を斬ろうとした。

とっさに母（ラオス上流階級出身）は床にひれ伏し、

「どうか、どうかお助け下さい」

とラオス式に三拝をした。

そのとき、五番目の子のエレーヌ（三歳）がわっと泣き出した。

あわや父の首をはねようとした兵隊は、ひるみ、刀をおろした。

一家はカトリック教会付属のミッション・スクールへ連行され、小部屋へ押し込められた。

窓には格子がはめられ、牢獄として使われていた。床や窓にフランス人を切り殺した生々しい血痕があった。

部屋にはフランス人、ラオス人、ベトナム人、混血者など、かなりの人数が押し込められていた。

格子を通して見える白いチャムパー（プルメリア・現ラオス国花）が美しかった。拘留は一九四五年の日本の終戦まで続いた。

パリへ亡命

「やっと戦争が終った！　もう日本軍はいない」

だが、喜ぶどころではなく、一家は身も心もぼろぼろになっていた。とりあえず、祖母のいる南ラオスのパクセに身を寄せた。

父母は朝暗いうちに起きて、やしの葉や籐などで籠を作ったり、バナナやタロ芋を蒸し焼きにした食べ物を作り、自分の口にも入れず、行商して歩いた。子どもたちもぞろぞろ従って歩いた。

家の前にメコン河が流れており、子どもたちの唯一の楽しみは岸辺で泳ぐことだった。無心に遊ぶと、戦争の苦しさや貧しさも忘れた。

ラオスは一九四九年にフランス連合内での共同国として独立をするが、もとの仏印三ヶ国は再びフランスの影響が強くなってきた。

左派はこれに妥協しなかったため、五四年ディエンビエンフーの戦い（第一次インドシナ戦争）があり、フランス軍は敗れた。

一家は街路樹の美しいビエンチャンに戻った。ラオスには確たる法律がなく、フランスで教育を受けた父は、王国自治政府に法律を教えた。

「こんなに国のためになっていながら貧しい……。子息は向学心に燃えている」

友人の教育相はモニクとすぐ下の弟アナンダをフランスへの奨学生として推薦してくれた。一九五七年だった。

一九六〇年は一家に大きな運命がふりかかった。クーデターが起き、ラオスは内戦に突入する。

同年のある日、ソ連のヘリコプターがビエンチャンのメコン河岸に着陸した。当時、若者にはソ連はあこがれの国だった。

「行ってみよう。ソ連の人だって！」

青年男女は河岸に急いだ。

ソ連兵たちは子どもたちに菓子を配っている。

「ハノイ！」「ハノイへ行こう」

　そう呼びかけていた。

　若者たちは次々に各ヘリコプターに乗っていく。モニクの五人の弟妹たちも行こうとした。

「行ってみよう。オイ、乗ろうよ」

　まず、二人の妹が乗った。一番下のエレーナもヘリに足を近づけた。

「エレーナ、行っちゃだめ！」

　母は素早く彼女をひっぱり、抱きかかえた。

　一九六四年ベトナム戦が始まった（第二次インドシナ戦争）。青年たちはハノイでソ連兵から戦闘訓練を受け、最前線のサムヌア州やポンサリー州のジャングルへ送られた。モニクの弟たちは、降下するアメリカのヘリを目がけて撃ちまくった。女性兵士となった妹たちも実戦に加わったり、看護婦として活躍した。

　そのご褒美として、戦後彼らはソ連や東欧の大学へ留学させてもらった。弟のアレックスはハンガリーの医科大学へ、もっと若い弟たちは大学年齢に満たないので、ハノイの高校に通わせてもらった。

　一方、血気盛んなアナンダは、ソルボンヌ大学を卒業してフランス人と結婚していたのに、ラオス入国のため離婚して帰国し、祖国の解放を目指して、左派愛国戦線（パテト・ラオ）の兵士となった。

もともと右派で共産党に帰順できない父は亡命を決意する。残された家族（その後生まれた弟妹たちなど）もついに祖国を去り、フランスへ難民として渡った。

モニクは大学留学のまま、パリに亡命した。

「私たちはいくつの戦争をかいくぐったのでしょう。弱小国は大国についばまれたのです。一家の中に国境ができ、親子兄弟が異なった国籍を持ち、イデオロギーまで二つの世界（東西）に分かれてしまったのです……」

ペレストロイカ後、ハンガリーで歯科医をし、ハンガリー人の妻と幸せに暮らしていたアレックスは離婚し、モスクワ大学を出た妹たちも、肉親に会いたい一心でパリに亡命した。ラオスにもチンタナカーン・マイ（新しい理念）運動（ペレストロイカ）が起き、新路線を歩みはじめた。

そして、モニクは三十六年ぶりになつかしい祖国の土を再び踏んだ。西欧とあまりに差のある貧しい国や人民の姿を見て、涙が止まらなかった。だが山河は変わらず、美しく息づいていた。パリに家族を置いたまま、ヴェンチャンに小さなレストランを持ち、ラオス人としての生活をはじめた。時にはパリに帰りながら。

このレストランでの話をきっかけに、私とモニクの間に友情が育っていったのだった。

ロワへ永住

パリは私の取材地で、また、ウイーンやジュネーブで勤務を続ける息子夫婦にも時々会う。ヨーロッパではその三ヶ国を根城にして私は動いている。

「パリに来るときには、私の家に泊まって」というモニクの勧めに従って、パリから約百キロ北方の小さな町ロワにある、彼女の家の二階の一室を書斎として借りることになった。三食付で安い家賃、しかも好きなときに使うという条件なので気に入った。

夫妻は、パリ市内のシャンゼリゼ通りに店を構えていたのだが、夫が事業が失敗したので店を売り払い、エミール・ゾラ通りに一坪半ほどのオフィスとロワの古い農家を買いとった。夫はここからオフィスに毎日通い、細々と収入を得ている。

モニクは語る。

「ここへ引っ込んでじっとしているわけにはいかず。私はラオスが経済開放した途端にレストラン・ビジネスに賭けたの。もちろん、ラオスへのノスタルジアもあって——一九九二年のことだったわ」

彼女は時折、このロワに帰ってくるので、その時に合わせて私はこの家に滞在する。手作りのフォン・デュや生春巻きなどのテーブルを囲み、モニクの昔話を聞く。

「パリの高校、ロンドンの大学を卒業してから、主人のフォンと出会い、結婚したの。彼はベトナム人で、スイスに亡命してから、パリに渡ってきていたのよ」

ベトナム戦争とともに、ベトナムやラオスの上流階級の人々や裕福な人たちがパリに亡命してきていたのだった。

二〇〇一年モニクはラオスの生活を清算して、パリへ引き揚げた。レストランは十年もたず、アジア・ビジネスは失敗に終った。モニクはフランス政府から年金の出る年齢になっていた。

「今度こそ、ロワへ永住なんだから、遊びに来て」

という手紙や電話が来た。

取材がてら私は飛んでいった。

「あれほどラオスを愛していたのに、踏ん切りがよすぎるのね」

「だって、客の入りがよくないし、ビジネスはだめだったの。店ごとオーストラリア人に売ってしまったわ」

ラオスの経済開発はゆっくりだから、フランス風なレストランを作っても少しの外人客ばかり。ラオス料理のメニュウがあるとはいえ、ラオス人は安い屋台店などに集中するという。

「そのことより、祖国を去ったことに対して……」と問いかけると、しばらく無口だったが、

「私たちはこの国に亡命したの。もうフランス籍なのよ。ラオス右派の亡命政府もタイで果てたし――。私たちの故郷はなくなったの……」

彼女の複雑な気持は計り知れない。

「さ、今宵はあなたの歓迎会よ。食材の仕入れに行きましょう」

私を車に乗せて、ロワの町の中の広場に行った。車に私を待たせてしばらくすると戻ってきた。

「あなたの好きなお魚よ」

買い物袋を重たげに提げてきた。

家に戻り、台所の床にひろげて、驚いた。大きな赤魚とかいろんな魚のアラである。

「日曜市場のおじさんと仲良くなってね。頼んでおくととっておいてくれるの。これ全部フリーよ」

彼女はそれらを出刃包丁で手際よくさばいて、保存するもの、料理するものに仕分けしている。こんな生活の知恵は、苦労のはてに身についたものだろう。

七月でも、パリから百キロのロワの夕方は肌寒い。

モニク夫妻。中央・モニク，左・ハフォン。パリ郊外の自宅で。

庭の片隅に、夫のフォンがテーブルセティングした。

集まったのはモニクの一番下の弟のアレックス。それから、元南ベトナム人の夫婦。最後に駆けつけたのはモニクの長女。彼女はフランス育ちでフランス国籍、夫はポルトガル人である。

一見、国際的ではあるが、アジア人のアイデンティティを持っている家族たちだ。冷たい夕風が吹き、小花たちがゆれている。

「どんなに、私がフランスの中にとけこんでいようと、ラオス人なの。フランス人もそう思っているのよ。夫もベトナム人としての自分が捨てられないのよ」

そのことばは私の思いにもオーバーラップして響いてきた。外国に長年住んで、いつもふと、自分探しの思いを確認する。

ヨーロッパは既に二十五カ国がEUに加入して拡大された（のちに二十七ヶ国になる）。通貨が統一され、物が自由に交易されても、民族の多様性や独特の文化や言語が失われないことを望みたい。

フランスで、アジア人のアイデンティティを持って生きていくモニク。人生ははるかな道だった。

ナム・グム・ダム

ラオス奥に入ったのは、ペレストロイカがはじまった直後の頃だったので、ヴィエンチャンはともかく、内奥はまだ新しい波が訪れていないから秘境だった。

峠から見たポンサリィは桃源境そのものである。千年以上も眠る隠れた里だ。

春先きだったので、桃が咲き、まさにシャンガリラ、村を歩けば「ここが村の中心よ」といっても信号があるわけではなく、村人はのんびり日向ぼっこだ。

だが、どこかなつかしい〝いつか来た道〟である。数十年前の富士の麓の町もこんな風だった。幼児の私はおばあさんとれんげ畑で花を摘んだり、澄んだ小川の水で手を洗った。

そんなタイムスリップしたポンサリィの風景の中で、女性が赤ちゃんをひもで前に吊り、後ろにおんぶして、一人で二人分の子守りをしている。

「まるで女性が強制労働をさせられている」

と、ラオスの友人は言った。

日本の女性も働き者だが、双子でない限り、子守りは一人である。

社会主義国って、こうまでもきついものかと同情したが、お国柄にもよるのだろう。

いったいにヒマラヤ山麓から南は、おしなべて男性の方が怠惰だといわれている。

ポンサリィの文化部長は当時、

「ペレストロイカ（刷新）といっても、穏やかな村を急に開発しては困る。刷新の波は徐々に、徐々に」

と私に語っていた。

その逆に、タイは急成長した例だ。中国は更に超成長している。問題点は大いにあるのは、アジアに住む私たちにもわかっているわけである。

先頃のタイのクーデターも王様のアドヴァイスは「足るを知る経済」だった。では開発が遅れたラオスはどうか。まだ森はいっぱいある。空から見ても森の国にふさわしい。タイはとうにジャングルが殆ど失われた。

一番嘆いているのは蘭研究の権威であるラピ・サガーリック博士である。自然を愛す彼は昔から環境保護を唱えていた。ジャングルはカンチャナブリ西部と北タイにわずか残っているだけである。

「山を緑にしよう、ボランチア！」

などと今、気づいて植樹をしているNGOの活動はうれしいが、過去四十年ほどは、経済優先で、猪突猛進の分野では我々の声に耳を傾けなかった。

ラオスはペレストロイカがはじまってすぐに、一九九二年、「森林伐採禁止法」を制定した。

平地が殆どない山の国が禿げ山になったら大変である。また、近隣国や日本その他の多国籍の企業も木材には垂涎ものだったから、賢明な方法をとったわけである。

だが、残された後進国の今後はどのような運命になるのだろう。

ヴィエンチャン郊外のナム・グム・ダムへ行った。行程は寂しげな雑草の道である。二ヶ所で検問されたが、外国人のダム見学は内務省の許可がいる。

いよいよダムへ着いた。一五万キロワットの水力発電で、日本や多国籍の援助でできた（一九六七―八五年に建設した）。この電力はラオス国内と北タイへ供給されている。タイでは急速な発展のために電力不足だから、ラオスから買っているのである。

ラオスの人民は外貨稼ぎのために、夜は節電して耐えている。ヴィエンチャンの友人も夜は真っ暗闇の部屋で蝋燭《ろうそく》を灯し、家族で談話している。

私は二年前にタイの友人（バンコク都の電力会社のディレクター）に次のようなことを聞いたことがある。

「タイでは電力が足りていますか」

「あと二年分は貯えてあります。それ以後の見通しはありません」

もう二年経った。どうなるのだろう。

プラチュアプキリカーンあたりのダム建設は、村民の大反対に会っていることが一時、新聞をにぎわした。

木陰に行くと、ラオス人の若いグループ数人がピクニックをしている。

「楽しそうですね。私たちもここへ休ませてください」と友人と腰を下ろした。

とても気が休まる。なぜだろう。

日本の観光地のような喧騒さがないからだ。タイでも、カンチャナブリなどは物売りでいっぱいである。どこもかしこもだ。

こんなひとときは天からの贈り物にも価する。若い人たちの笑い声がダムの水の中に消えていくのを耳にしながら、ラオス人の心を大事にしてあげたい、むしろわれわれが学ぶべきだと思った。

ユーロの世界

二〇〇〇年、一月一日、私はパリのトルビヤック街を西に向かって歩いていた。活気のあるこの下町が私は好きだ。

地下鉄から上がってくる人々、下っていく人々の息吹は、パリの顔である。今日は花屋の店頭ですら、輝かしく見える。

そうだ。今日はユーロ・マネーの発行される日である。

人の流れに沿って歩いていると郵便局に出会った。表看板に、「ユーロ発行、フランと交換します」と書いてある。

この日、この時、兌換したい。中に入った。それほどの列ではないが、並んだ。ハンドバックの中の八割をユーロに交換したい。

デスクの局員が

「パスポートを見せて下さい」

私は本物のパスポートはひったくりを避けるため外出時に持参しない。しかし、出したコピーはかなりボロになっている。

「いいですよ。読めますよ」

局員は親切だった。ユーロに輝いている微笑である。普段、フランス人は愛想笑いなどしない国民なのに。

その後もしばらくホテルに泊って往年の画家・蕗谷虹児（私の師）の取材をしていたのだが、行く所（レストラン、スーパー、美容院、書店等）どこでも、レジの前には、ユーロとフランの価格が並べられており、どちらの通貨でも支払いができるようになっていた。

今（二〇〇九年一月）、ふり返れば、あの時は新通貨ユーロとフランとの交差年であった。そして、誇り高きフランス人とドイツ人はフランとマルクを捨てて、ユーロ人となって、もう十年近く経つ。

ユーロが電子マネーになる時も近いだろう。円も消滅していくわけである。

バンコクへ戻る日に、私を空港へ送る車中、モニクは白い封筒を渡し、

「夫が以前お金を借りたそうだけど、恥だわ。ようやくお返しすることができます。助けてくれてありがとう。」

数年前にパリに来た時、夫のハフォンに懇願されて、千ドル渡したことに思い当たった。私も旅の身でありながら彼の眼の色を見て、とっさにバッグから探り、手渡したのだ。（当時、モニクはラオスにいた）。私は返金など当てにしていなかった。

モニクはハンドルを握りながら、

「私たちは亡命してから、お金しか頼りにならないからと、一生懸命働き、ドルを頼りにしていたの。失った祖国は忘れられないけど、フランスがユーロになって、経済の強みを感じ、この国に永住することに決めたんです……」

四十年のはるかな道のりの果てに、彼女らはＥＵ圏内に組みこまれたのがわかる。

実は次章に登場するハフォンは彼女の夫である。ベトナム人だ。北緯十七度線を引かれてから、ありもしない恐怖に煽られて、米ソ冷戦の犠牲になった。共産主義が勝ち、ハフォンは南ベトナム人だから祖国を失った。

亡命の果てにヨーロッパ連合に定着場所を見出したわけである。夫婦はヨーロッパ統一へ向けての実験場をさまよい歩いていたことになる。

私が三十年来追っている黄金の四角地帯（北タイ、ラオス、ミヤンマー、雲南）の少数民族を見よ。彼らには国境など昔も今もなく、自然の移り変わりや星の位置をはかりながら暮らしている。それでもアイデンティティは失っていない。

日本も古代には多民族が列島へ移り住んできて、多言語を喋りながら自由に暮らしていた。アイデンティティを失わずに世界人、はては宇宙人になれるなら、すばらしいことではないか。

帰りの機中で、封筒を開いてみたら千ドル分がユーロ・マネーで入っていた。

案の定、二〇〇八年九月二十九日に米金融崩壊があり、ドル紙幣も円も紙きれとなる運命になった。

まだ落としがある。旅をするには、ポケットの中にコインが必要である（地下鉄、バス、ホテルのチップ等）。

後日、引き出しのあちこちからフランスのフラン（コイン）が出てきた。馬鹿にならない額である。何とかならないかしら。

アグネシカがあっさり言った。

「博物館行きよ」

もう、ユーロの世界なのである。

［2］じゃがたらお春はジャガタラで幸せだった

夕陽が美しい町

イタリア人の航海士を父に持つ混血児のお春は、一六二五年、長崎に生まれ育ったが、一六三九年の鎖国令により、じゃがたら（インドネシア）へ流されていった。

カラオケ定番の歌に、

オランダ屋敷に　雨が降る
濡れて泣いてる　じゃがたらお春
みれんの出船の　ああ……

と歌われているが、昔流行った時は子ども心にも悲しい歌だなあ、可哀そうな女性だと思っていた。

大人になって時代背景を考えたり、海外の様子を知るにつけ、彼女はじゃがたらで税関長シモンセンと結婚してからは、夫に愛され、贅沢な暮らしができ、この歌とは裏腹にしあわせだったんだ、と思うようになった。

ジャカルタも前に訪れてはいるが、今はテロ、地震（異常気象！）で行くのを控えている。それよりも、最近、春うららな長崎、平戸をゆっくり回ってきた。

お春の「じゃがたら文（ぶみ）」や「お春像」などは平戸にある。日本の西の果て平戸は平戸島といい、島ではあるが、今では大吊り橋（平戸大橋）で九州と繋がっている。

西の果てとはいうが、平戸や長崎は外国人が渡ってきた日本の玄関口であった。中国文化、南蛮文化、紅毛文化が伝わり、そのミックスされたエキゾチックな味が染みこんだ不思議な日本である。

先ず、「じゃがたらお春」像に参る。以前はオランダ商館の建て物のあった小高い丘の上にあったが、今は長崎や五島列島などの船の往来する船着場（港）の海岸通りにある。丘の上で海を眺めて「日本こひしや」と悲しむ表情は、情緒を誘ったが、車の往来する海岸通りに佇んでいる姿は近代性を帯びている。

「下へおろしちゃったんですよ」

と博物館の方の言だが、環境によって彫像も表情を変えるのか——。

長崎市にあるお春の像。

丘の上に行ったら、もぬけの殻で台地に雑草が侘しげにゆれていた。

お春の子ども時代に、イタリア人の父ニコラスは平戸で商用中に亡くなった。幕府のキリシタン弾圧が厳しくなると、父は船を上がり、長崎の築後町あたりに二間の家を求めて、一家で暮らした。

イタリア人だが「えげれす（イギリス）人」に見られたのでおとがめもなく、ポルトガル人やオランダ人のように、扇形の人工島・出島に入れられることもなく、町の中で暮らしていけたのだ。

南蛮物の「ビードロ（ガラス）や、インド産の象牙やアラビア産のメノウなどを売っていた。

「パパが死んじゃって、悲しい……」

お春は子ども心にも大きな痛手を受けた。

「これ、お春、泣くんじゃない。パパは神に召されて、天国というところへ行ったんじゃ、ばってん」

母のマリアは諭した。

「そういう母さんだって、泣いてるじゃ、ばってん」

お春は胸の十字架を握った。山の手の墓地に埋葬された父の顔は安らかだった。

一家はキリシタンだから、クリスチャン名を持っていた。母はマリア、お春はジェロニマ、姉はマグダレーナだった。

マグダレーナまんは父親似で紅毛、瞳は青かったが、お春は母親似で黒髪だが、顔立ちはエキゾチックな魅力に溢れていた。

長崎も平戸も夕陽が美しい町だ。墓地から眺める赤い夕陽を見ながら、お春は、パパは本当に安らかに天国に行けたから、悲しいけれど殉死の人よりよかった、と思った。

この間も長崎の西坂ではりつけの刑になったキリシタンたちを見た。囲いの中の処刑場では残酷きわまりない処刑がなされる。藁の束を身体に巻きつけられ、火をつけられるとキリシタンは転げ回って苦しみ、焼き殺される。

どうしてそんなひどい仕打ちをされるのか。彼ら殉死者も天国へ召された。

ならばパパはもっと幸いだった、と真っ赤な夕陽を見てお春は涙をぬぐった。まんはいつまでも泣きじゃくっている。

潮風が私の頬をなでる。鏡のような平戸の海が眼下にある。

この海（長崎港）から、やがて十五歳になったお春はジャガタラへ流されていった。

「外国人は、出島以外は禁止」の鎖国令は、外国人の血の混じった者たちまで、国外へ追放した。

海外追放

丘の上から鏡のような平戸の海を見ていると、平戸や長崎、はては鹿児島の人たちの思いがわかる。遠い京都や江戸に思いを馳せるより、この海から続いているよその国にあこがれた。「行って見たいな　よその国……」である。

だから、船出をするのにさほど抵抗を感じなかった。また、外国の貿易船の出入りなどを見ているから、よその国はこの海から続いているのを身近に感じていた。

異人さんにも馴れていた。南蛮人（ポルトガル人、スペイン人）や紅毛人（オランダ人、イギリス人）を素直に受け入れていた。

日本人は、南の蛮人とか毛唐と呼び、中国、朝鮮、ロシア、はてはヨーロッパの人も我々を野蛮人と呼んだとは面白い。

幕府のキリシタン弾圧が段々厳しくなると、キリシタンは隠れるようになった。隠れてもキリシタンの信仰を続けた。

仏教徒を装いながら隠れキリシタンは観音様の裏に十字架を刻み「マリア観音像」と呼ばれるこの像に敬虔な祈りを捧げた。

「島へ逃げよう！」
長崎や平戸のキリシタンのみならず、九州各地の人や山口方面の人まで迫害を逃れて、外海の五島列島の方へひそかに移って行った。

最果ての福江島まで行くと、エキゾチックな思いにひたる。

教会（明治六年以後復活）や隠れ岩の中で、観音像や墓碑にまで、十字架が隠されているのを今日、発見するが、彼らの堅固な信仰は続けられていたのである。

島民は暖かく、旅館では海の幸がたっぷり供されるが、日曜日には白いヴェールを被って、教会へ礼拝に行く。

「夕日が真っ赤く沈んでいくのを見ながら、御先祖様の神様（キリスト）を拝みました」という老婦人に出会った。

この夕日を眺めながら、死んでしまったパパに祈りを捧げていたのはお春である。

「パパはよい人だから、きっと天国へ行った」

だが、いよいよ鎖国令が出て、混血児まで海外追放になる。

外へ出て行くのは、外国の入船出船を見ているから平気だが

「殿様は二度と帰ってきてはならぬというおふれを出されたんじゃ」

お春は、恋人と夕日を眺めながら涙をこぼした。彼とは決して交わってはならぬと清らかにも唇を噛みしめた。

もう、二度と会えない男とそんなことしたら、つらかろうが、ばってん。

丘の上の資料館で「じゃがたら文」に出会った。

日本こいしや、こいしや
かりそめにたちいでて
又とかへらぬふるさととおもえば
心もこころならず、なみだにむせび、めもくれ
ゆめうつつともさらにわきまへず候へ共
あまりのことに　ちゃつつみ一つ進じ上げ候
あら　にほんこいしや　こいしや　こいしや
こしょろ

これはお春と同時代にジャガタラに流された「こしょろ」という女性の手紙である。南蛮更紗の小切れをパッチワークしたものに筆書きで書かれている。

幕府は平戸に居住するオランダ人子女を調査し、オランダ・イギリス両国人と結婚して子どもを生んだ日本婦人とその子女は、一人残らずオランダ船でバタビア（ジャカルタ）に送るよう申し渡した。

その後、キリスト教に関係ない手紙や進物なら日本に送ってよい、との許可が出た。「神さま、バタビアにて信仰が続けられ感謝します。アーメン」などとは書くことができず、只々、ホームシックな思いを綴った「じゃがたら文」である。

平戸湾からゆるい潮風が吹いてくる二階の窓で、お春の思いをおもんぱかってみた。私たちは、今、いつでも数時間で日本に行くことができるが、帰らざる国を思う気持はいかばかりか。だが、彼女たちはジャガタラで、日本の封建時代の身分制度とは違う身分で暮らせたのである。

白人と結婚したお春は金銭には不自由ない生活を送り、夫にも愛された。じゃがたら文のような泣きぬれた生活ではなかったのである。

キリシタン

お春はジャガタラへ行くとなると、もう決心がついていた。というのは、母さんがもう、荷物の仕度をするべく、部屋の中を片づけているからだ。

「みんなでいっしょにジャガタラさ行くから、大丈夫だ、ばってん」

と、つぶやきながら納戸に首を突っこんで中のものを取り出している。

長崎の町を秋の匂いがする潮風が吹く午後だった。ニコラスの借りてくれた二間きりの家はむさ苦しい。そうして片付けものをしていると、どうしても夫の面影がまつわりつく。

そこへ近所の太郎兵衛がひょっと、あらわれた。

「いっそ、ジャガタラさ、行っちまった方がましじゃ」と首にかけた手拭いで顔を拭く。

「いっしょに行くべェ」と母が言った。

「おいどんは一家が日本人じゃ、そう簡単にはいかねえ」

その表情はいつになく暗い。

「タロベェ、悲観するなよ。デウス（神）さまがお守りくださる、ばってん」

「そうだな。んだけんど、今朝耳にした噂じゃ、近々〝山狩り〟をするそうじゃ」

「えっ、山狩り？」

「そうじゃ、山ん中の穴に隠れたり、逃げているキリシタンよ」

目をまん丸くして、

「みんな、転び（改宗）はやだから、隠れてるんじゃが、お奉行はどこまでも追っかけるとよ、ばってん」

母は、夫の形見のギヤマンのグラスを手にして、

「それじゃ、異人と寄り添ったわしらの方がまだましかな。日本から追っ払われるんじゃ、ばってん」

「島？」

太郎兵衛は声を落として、

「実は、おいどんは島へ逃げるんじゃ、ばってん」

「島？」

「五島よ」

母はやっとわかって、

「そうかそうか、……」

「あっちの方がましだ。匿ってくれるって。仏壇拝んでいるんだ、ばってん」

彼ら（隠れキリシタン）は、仏教徒を装って、仏壇の裏に十字架を隠している。

夜な夜な集会と称して、礼拝をした。

フランシスコ・ザビエルが上陸した頃からのキリシタンだ。

スペインのピレネー山に近い小王国のナバラ生まれのザビエルは、長じるとパリに出て修行した。やがて同志のイグナチウス・ロヨラとアジアへの布教の旅に出る。

ザビエルはマラッカ（マレー）へ上陸した。そこで、日本から逃亡してきた青年弥次郎に出会う。彼はどういう理由か、人をあやめて国外逃亡した。

船中でキリシタンのカピタン（船長）の影響を受け、キリシタンになる。

ザビエルは、黄金の島ジバング（日本）への布教を考えていた。

青年弥次郎に、日本についていろいろ尋ねた。彼は正直に祖国のことを話す。

「美しい国でございます」

「人々の様子はどうだ」

「それは勤勉で、清潔好きでございます」

「では、もう一つ。日本人は、この方面のアジアの人々とどのような違いがあるか」

「はい、申し上げます。日本人は大変に道理をわきまえております」

このことばは、ザビエルの胸を打った。

「日本へ行けば、キリスト教を布教できる！」

母と太郎兵衛の話を聞いていたお春は、平戸の丘の上でいっしょに夕日を眺めた恋人のことを思い出していた。

「母さん。船出はいつかいな、ばってん」

「あんまり寒くならんうちによ、ばってん。それより、お奉行さまが、どんどん出て行ってくれ……と」

お春はあの人との別れがつらかった。

稲佐山

代官所の、ジャガタラへ追放される者のおふれはこうだった。

阿蘭陀（オランダ）
ヒセンテ（七十歳）　女房（五十歳）
エゲレス（イギリス）　ニコラスはイギリス人とみなされた
女房　（三十七歳）
娘まん（十九歳）
　はる（十五歳）
孫万吉（三歳）

まるで無法者のような達しである。これを見るや、母と姉のまんは毎日泣きっ放しである。

祖父の理右衛門は日本人の女房（死亡）だったから追放を免れた。

「いつか……、帰れる日もあるかもしれんし、ばってん」

年老いた理右衛門が慰めても、二人は涙にぬれて泣き崩れている。年は若くてもお春がいちばんしっかりしていた。

「お春、じいと挨拶に行くんじゃと、ばってん」

長崎の友人たちが、餞別を用意して待っているから、どこぞと別れの挨拶回りにお春を連れていった。

お春は西坂でキリシタンが火あぶりになっても、その眼でじっと見つめたほど理性的だった。正しい人がなぜそんな仕打ちをされるのか、見とどけるためだった。

「別れの挨拶なんて、やだ、やだ——」

家を出るとき、背後から、まんの泣きわめく声がちぎれていった。

その頃、平戸のオランダ商館は長崎に新しく造られた出島へ移転を完了した。その沖に大型スヒップ船のブレダ号が浮かんでいるのが見える。

九月になると、ブレダ号の積み荷がはじまった。その中には、追放される人々の荷物も運びこまれる。

理右衛門は、聞き分けのよいお春にさとした。

「お春よ。ジャガタラさ行ったら、きっと幸せをつかむんじゃよ、ばってん」

「うん。じいちゃん……」

「お春は、十五になったら、急にえらくなりよった、ばってん」

理右衛門は、もしこんなこと（追放）にならなければ、姉妹のうち、妹のお春を家督にしようと思っていただけに、じいの別れもつらかった。しっかり者といわれただけに泣くわけにはいかないが、お春は恋人との別れを一番つらく思っていた。港に目をやれば、その向こうに稲佐山が迫って、山の緑が少し秋めいてきた。

いよいよ、乗船の日がやってきた。一六三九年十月であった。

岸壁まで飛んできた女が、

「マリア、これを頼む。娘のコルネリアに渡してや」

とお春の母にみやげ物を渡した。コルネリアはお春と同じ年で平戸の商館長を父（故）に持つ混血児だったが、ひと足先にジャガタラへ渡っていった。母は既に日本人と再婚している。

人々はドカドカと乗船した。

「大きな船だなあ。シナのジャンク船とはえらく違うわ、ばってん」

三本マストに帆が何枚も張られているブレダ号をてんでに見上げる。いよいよ出帆した。長崎から平戸に向かい、平戸から日本を離れるのだ。これが最後の別れかと、親せき、友人たちは小船に乗り、追放される者たちを涙ながらに見送った。

お春は、母やまんといっしょに舷側に出て、一心に手を振った。

「じいちゃん……」

じいちゃんは、きっとまた戻れる日があると言ったが、その時はもうこの世にはいないのであろうか、と思うと気の強いお春でも涙が滴りおちるのを止めようがなかった。

長崎湾をタクシーで渡り、稲佐山へケーブルカーで登ってみた。

展望台からの眺めは三百六十度ひろがり、これが日本かと思うほど美しい。原爆の爆心地やグラバー邸の丘、出島、長崎新地など一望に見渡せる。

晴れているので伊王島もはるかにかすんで見える。あの伊王島を航行すると、もう外海である。

お春の乗った船はあの方角へ消えて行った。

島原の乱

ここで、「じゃがたら文」について検討してみたい。

それにはなぜ鎖国に至ったかを推察しないと、「コショロ」や「お春」の「じゃがたら文」のいわれが理解できない。

一六三七年、領主の圧政に苦しむ天草の農民たちが百姓一揆を起こした。それにキリシタン大名小西行長の旧臣であった浪人たちも合流した。彼らも圧政に苦しんでいた。天童といわれたキリシタン少年（十六歳）の天草四郎を盟主にし、更に帰農したキリシタン武士たちも続々と合流して反乱を起こした。

これが「島原の乱」である。

徳川幕府は大名たちに鎮圧を命じたが、島民の抵抗は堅固なものだったので、いよいよ松平信綱を総攻撃に当たらせた。

老若男女が武器を持って最後まで抵抗したが、食料が尽き、弱ってきたところを幕府軍はとどめを打った。（死体を解剖したら、胃の中に海草しかなかったほど食料は尽きていた）

女子どもまで、最後は「アーメン」と叫んで寄せ手の兵士に突っこんでいった。この乱のあと、四郎の首は長崎へ運ばれ、出島の入り口のハネ橋のたもとにさらされた。

幕府は断固として、鎖国令を出し、キリシタンやオランダ人以外の外国人及び混血児まで海外追放にしたのである。

これに関連して、筆者は『アユタヤの十字架のもとに』（社会評論社）という、シャムへ逃亡してきた隠れキリシタンをテーマにした作品を描いているので参考にされたい。

お春は気丈で理知的だったので、四郎の首が腐って、髪の毛が抜けるまで時々見に行った。最後までクリスチャン精神を失わなかった彼の心を知り、人間の死はパパのように自然死（病死）もあるが、殉教で死ぬ（昇天する）人もいることをわずか十三、四歳で知ったからである。

一六三九年の秋、追放された人を乗せたジャガタラ行きの船は平戸から外海へ出て行った。その後「じゃがたら文」というものが出るのであるが、世に知られるようになったのは数十年以上も経ってからである。

ジェロニマお春の名や文《ふみ》が広く知られるようになったのは、西川如軒作『長崎夜話草』によってである。また、近年、学者の岩生成一氏もお春の遺言書を発見している。（お春は実在の人物ということが証明された）。

現在、じゃがたら文の云々は新しい学者によってもなされているが、私も前から疑問を持っていた。当稿のタイトルはそのためである。しかも冒頭に歌謡曲の「ぬれて泣いてるじゃがたらお春ゥ……」とはイメージが違うのではないか、と書いた。

如軒の紹介したお春の手紙はこうである。

千はやふる神無月とよ　うらめしの嵐や
まだ宵月の空もうちくもり　しぐれとともに
ふる里を出しその日をかざりとなし
又ふみも見じあし原の　浦路はるかにへだたれど
かよう心のおくれねば
　おもひやるやまとの道ははるけきも
　ゆめにまじかくこえぬ夜ぞなき
　　（中略）
かへすがへすなみだにくれてまいらせ候へば　しどろもどろにて
よみかね申すべくまま……　（後略）

じゃがたら
　はるより

日本にて
　おたつ様まいる

と三千字以上の文が続く。

じゃがたらにて涙にくれている様子が伝えられている。しかし、日本で身分社会の江戸時代に庶民の生活をし、キリシタン弾圧に会ったお春の苦難な日々は、ジャガタラへ行って一変したのである。白人の税関長と結婚した彼女は幸せで、宗教の自由もあった。(しかも平戸を出た日は、雨でなく晴天だった)。

このふみは美しい擬古調であり、如軒の作為がみられる。多分、お春のふみをもとにして書かれたのだろう。

長崎の坂道

長崎では下町の匂いを嗅ぎたくて、長崎新地のホテルに泊った。

チャイナ・タウンのド真ん中である。長崎チャンポンや中華料理にも事欠かない。何よりも、出島や長崎港が指呼の間で、グラバー邸やオランダ坂、ショッピング・センターの思案橋辺にも便利である。

朝早く起きて、新地の通りと反対側の唐人街の坂を登ってみた。古いチャイナ・タウンである。細い石畳の両側は、早くも雨戸を開けて、商売々々。朝の活気がある。

長崎は、ポルトガル・オランダ・グラバー氏（英）のような西洋人と中国人と日本人とがミックスして作った混合文化の匂うエキゾチックな町である。

早くから住みついた中国人の足跡が寺院や会館などに残っている。目指すは、「唐人屋敷跡」である。坂を登りつめた小さな十字路で立看板の地図を見ていると、

「何かお探しですか」と声をかけられた。

元気そうな老婦人であった。

「私は長崎の人間ですから、どこぞと教えてあげますよ」

「唐人屋敷跡へ行きたいんですが――」

「じゃ、こっちの方角です。いっしょに行きましょう」

と、左手の辻に入った。

「えっ、行ってくださるんですか」

私は、坂の中途でもう息切れがしているのだ。

「私の住んでいるすぐ上段の所が唐人屋敷跡ですから、行ってあげますよ」

と、気軽に先頭を行く。

「お元気ですね」

「ええ、健康だけが取り得です」

長崎は全く坂の町、狭い石畳の道が入り組んでいる中を更に奥に進む。

「ほら、この右手のアパートが私の住まいです。ここから更に上に登ります」

やっと、着いた。跡地だけで、がらんとしている。いかにもこんな奥にある。

その頃、丸山遊女が坂を登って、唐人さんのもとに通った姿が想像される。今は家々が入り組んでいるが、当時は、この屋敷から、唐人は長崎の海を眺め、優雅に暮らした。そして、勢力をじわじわと日本に浸透させて行った――。

「おばあさん、いったい何歳ですか」と聞いた。

「八十四歳です。いつの間にか……」

「じゃ、被爆の体験はあるんですか」

「ありましたとも。私も被爆したんですよ」

と、腕を見せてくれた。やけどの跡がある。

「でも、よく治りましたね」

おばあさんは、しっかりと当時のことを喋ってくれた。

「実は……原爆のあと、すぐにアメリカ軍の医療研究班がきましてね、うちの近くに住んだんです」

それだ。研究班の米人は、被爆した人の残骸をていねいに集めて本国へ持っていった、と聞いている。

「それで――、ついでに私のやけどの手当てもしてくれたんです。主人が救済の手伝いなどしていたので」

早い手当てがよかった。中には被爆と同時に一瞬に消えてしまった人もいる。影だけが残ったという放射能の恐ろしさだ。

「後遺症はないのですか」

「ええ、優秀な医療班が良い薬で、しっかり手当てをしてくれたからです」

おばあさんはラッキーな生き残りだ。

そのあと、タクシーに乗った時、運転手から意外なことを聞いた。

「米軍は、はじめ小倉を狙ったらしいですね。しかし、その日小倉は曇っていたので視界がきかず、飛行機は長崎に入ってきて、浦上に落としたんです。その証拠に、東からすーっと入ってきて繁華街の上を通過して、ほら西方の浦上に原爆を落としたのですよ」

原爆のうたではこう歌っている。

「二度とゆるすまじ原爆を、われらが町に――」

しかし、広島の記念碑はこうだ。

「もう過ちはくり返しません」

いったい、誰が原爆を作り、落としたの？

長崎の坂道をくだりながら、ポルトガルのリスボンの町を思い出していた。リスボンも坂、坂、坂の町で、海が一望に見え、チンチン電車に乗れば、潮風が吹いてくる。彼らは祖国と似たような地形の町にキリスト教を布教したのだった。

［3］ジュディの拘束されたキャンプを訪ねて

キャンプ・ジョン・ヘイ

マニラからバギオまでのフライトは、山霧のため一時間も遅れた。プロペラ機は、きびしい山岳地帯のわずかな盆地に突っ込み、ローカン空港に着いた。

四月は東南アジアの盛夏なのだが、涼しい気温とはうれしい。バギオは避暑地として有名なので、機内はアメリカ人の観光客でいっぱいだった。空港から町に向かうまで、山坂とヘアピン・カーブの連続、ヨーロッパ・アルプス村かヒマラヤ山麓の景色を思わせる。

ジュディの拘束されたキャンプ・ジョン・ヘイに直行した。メイン・ゲートを入る。六九〇ヘクタールの広大な敷地は、今ではカントリー・クラブになっている。

ここが元米軍基地、戦時中は日本軍の総司令部のあった所なのだ。

美しい緑の傾斜をぐるぐる登っていく両側は、ゴルフ場になっており、ゆったりとプレーを楽しむ人影も見える。やがて中腹の広がりに着いた。

ワイドに広がる建物は白いペンキもあざやかに、今はリゾート・クラブになっている。ここは、元米軍将校クラブで戦時中は日本軍が接収した。前庭には可憐な草花が咲き乱れている。道をはさんで、松林の斜面に白ペンキの家屋が並んでいるが、日本軍将校たちの住居だった。今はリゾートのコテージになっている。

クラブの中に入ると、シックな高級レストラン。シャンデリアの下のテーブルには真っ白なテーブルクロス。アメリカン・ステーキの昼食をとる。ボーイが燭台に火を点けてくれた。かたわらのピアノは、夜にはもっとムードを添えるだろう。

窓ガラスには、キャンプのグリーンが映え、松林のたたずまいには年輪を感じる。ジュディの手記によると、窓から見える美しい松林の傾斜の向こう側にあったフィリピン警察軍のバラックに収容された。今はその面影はなく、松の繁みが風に鳴っている。ジュディは半世紀間に、ここを二度訪れ、当時を偲んだという。

外へ出ると、一面の白いデイジーがまぶしい。花々に囲まれながら記念撮影をするフィリピン人の姿があちこちに見られる。マニラは真夏だというのに、全く涼しい気候だ。ジュディは私のテープで語っている。

「囚われても、気候が良かったから、せめて忍ぶことができた。マニラの暑さには閉口したわ」

そこから少し下った所で車は停まった。

「あの家が、山下大将の官邸だったんです」

フィリピン人の運転手が指さした。

松の木の下に立って見晴るかすと、斜面の向こうに立派な邸宅がある。その前は段々の花壇が末広がりに華やいでいる。ちらほら、散歩する人も見られる。

「今は、国の迎賓館になっております」

戦前は、マッカーサー司令官も度々訪れた。いわゆる総司令官官邸だったのだ。皮肉にも、山下将軍とマッカーサー司令官は、アメリカのウエストポイント校で同級生だったが、敵対関係になってしまった。

悲劇の山下将軍は、ルソン島南部のモンテンルパで死刑になった。

車は更に下る。いくつものカーブを曲がりくねって下りて行くのだが、美しい松林の中だから気分は最高だ。日本軍総司令部のあった広場に出た。

その建物と相対して丘の上に別荘のような宿舎が並んでいる。将校たちが住んでいたという。道にフィリピンの警察学校の学生たちが整列していた。その制服姿が、ふと昔日の日本軍の姿とオーバーラップする……。

サンチャゴ要塞

キャンプを出て、町の中心に向かう。町中が松林に覆われ、坂とカーブの連続で、町全体がリゾートの雰囲気だ。

車は町の丘の上に着いた。仰ぎ見るのはバギオ大聖堂。身体を屈めても全体がカメラに収まらないほど大きく偉容なのだが、むしろ可愛い印象を与えるのは、全体がピンクの色調だからである。一九九〇年の大地震後、修復されたので、真新しい感じさえする。

ジュディもこの教会へ礼拝に来た。丘の上からバギオの町やはるかな山なみが一望できる。実はジュディから、昔の写真を送ってもらったのだが、半世紀前の写真はここから撮ったのだということが一目でわかった。

山の形、町の佇いなどそっくりだ。戦時中、ひどい爆撃を受けたり、一九九〇年の大地震もあったのに、何事もなかったように、山や町並みが横たわっている。

崖道に、急な石段があったので降りていくと、急に下町のセッション通りに出た。週末のせいか大変なにぎわいだ。この通りのアパートにジュディは住んでいた。雑踏の中で、そのビルを容易に探すことができた。道をはさんで、日本人の経営していた市場も残っている。また、戦時中の弾丸の跡ののこる廃屋も見た。歴史の染みの中で、ふと私は感傷的になる。

しかし、新しいマクドナルド店や色鮮やかなフィルム店、颯爽と歩く若い男女を見て、我に返った。

ダウンタウンに隣接して、バーンハム公園がある。その町角に、公園を見下ろすように日本軍のバギオ憲兵隊本部の建物があった。今はバヤニハン・ホテルになっている。隣のガソリン・スタンドから写真をうつす。

この公園は練兵場でもあった。運転手でも、その後会った人たちでも、キンペイタイ（憲兵隊）と発音して、恐怖の表情を走らせたのを私は忘れない。

マニラの新しい商業都市であるマカティ地区の東部にある小高い丘の広大なアメリカ記念基地を訪ねてみた。なだらかな緑の芝生に、大戦中のフィリピンでの戦死者の白い十字架群が、まぶしい。

記念塔の中には、アジアでの日米戦の詳細な経過が記された地図が掲げられている。これを見ると、戦争のすさまじさや、かっての日本軍の模様がわかり、敗戦に追いこまれた原因などについても考えさせられる。

沈没していく「武蔵」の姿を想像しながら、筆者は地図をカメラに収めた。

バギオからフライトで一気にマニラに飛んだ。

マニラ・シティのほぼ中央の、パッシグ川の河口のマニラ湾に面して、イントラムロスという城砦がある。スペイン植民地時代の砦として、重要な場所だった。

また、マニラを攻略した日本軍は、ここに憲兵隊の本部を置いたのだ（後述）。

南の城門から入って、中を散歩する。フィリピンでは最古のカトリック教会、サン・アグスチン教会は、歴史の染みを残し、堂々と構えている。市街戦でほとんどガレキになったマニラで、生き残った建物である。

折から結婚式があり、古い石造の扉の前に、純白のフィリピン・レースの服を着た人々が目立つ。

教会の袖の建物は博物館になっている。

道を隔てて向かい側に、カーサ・マニラがある。スパニッシュ・ムードたっぷりのしゃれた家で、今は博物館として使われている。これも戦災に遭わなかった数少ないスペイン領時代の石造建築だ。

段々進むと、町の遠くからでも二つの塔がよく見えるマニラ大寺院に出会う。

ここでも近くでは全体がカメラに収まらないほど、どっしりとした大きな石造建築だ。爆撃を受け、再建されたものだが、創設時代の十六世紀の面影をそのまま残している。当時、この教会はカトリックの布教に重要な地位を占めた。

さて、城砦の奥に、サンチャゴ要塞が構えている。スペインの造った頑強な砦は、日米両国にも軍事施設として利用された。先ずアメリカは、統治時代の約五十年間、ここに司令部を置いた。そして、日本占領時代には、日本のマニラ憲兵隊本部だったのだ。がっちりした地下牢は、捕虜収容所としても使われ、多くのフィリピン人が命を落としている。ジュディの告白でも、アメリカの宣教師が獄死した、とある。

砦の影に立てば、そんなことをよそに、パッシグ河の風が心地よい。

地下牢の手前に、スペイン風のリサール記念館がある。フィリピン独立運動のリーダーだったホセ・リサールの文献が収められており、最後に処刑されるが、フィリピン人が誇りとしている英雄である。

宣教師として来日

話は前後するがマニラに着くや、私はタクシーを呼び、はやる胸を押さえながらサンタ・クルス地区に急いだ。

「何でまたそんな所へ……」と運転手はいう。

「あそこは無法地帯ですよ」

とにかく、タクシーと値段を交渉して行ってもらう。

庶民的なチャイナ・タウンとキアポを窓の両側に見ながら、更にごみごみしたサンタ・クルスの中へ入っていく。小路をぐるぐる回って、スラムの袋小路の奥の「旧ビリビド刑務所」に着く。車からおりて、ごみと水たまりに足をはめながら、入り口に立った。

「ひどい……、みじめ……」

直視できないほど、家畜小屋のような不潔な古いコンクリートの牢獄である。粗末な服をまとった人たちが暗い表情で、わずかの食物が入ったビニール袋をぶら下げて、扉の中に入っていく。差し入れに行く家族なのだろう。

「こんな所に、ジュディたちは閉じ込められていたなんて……」

恐怖と悲憤が胸につまった。

ここが第三番目のジュディたちの収容所だったのだ。

――汚れたセメントの床に、駆け回るねずみたちといっしょに寝た。蚊や蠅やのみに責められた。

ある朝、十八粒のとうもろこしが配られ、神に食する感謝の祈りをして食べた。おいしかった。

中では赤痢やコレラが発生していた。帰国の望みも空しく、死んだ友人もいる。子どもたちは、もはや駆け回る元気もなく、ぐったりしていた――。

私の足は、差し入れの家族のように前には進まなかった。

一九四五年二月四日の夕方、日本軍は、マニラへ上陸したマッカーサーの率いるアメリカ軍の戦車に発砲を開始した。

ジュディは、病人の世話をしていた。砲声を聞くと、格子にしがみつき、恐る恐るこの模様を目撃した。心の中ではアメリカの勝利を、ひいては帰国できることを頼みの綱として祈っていた。


いよいよ引き揚げが始まった時、いつも苦楽を共にしたジュディたち三人は、生き永らえた生命を神に感謝した。

ロス・アンジェルスで船を降り、列車に乗った。やがて、長旅が終わり、ミネソタのグレイト・ノーザン駅に着いたのは、一九四五年五月八日だった。

ロビーでは、ジュディを誠実に五年も待っていた婚約者のフィル、両親、兄弟姉妹、友人たちが大合唱で迎えてくれた。

「さあ、みんなで神に感謝しよう」をうたって……。

フィルとジュディは、一九四五年八月十五日に結婚した。

一九五〇年九月五日に、夫妻は日本への宣教師として、日本の土を踏んだ。静岡と東京で三十年間布教し、日本人を愛し、多くの日本人の友人と日本生まれの娘たちに囲まれて、一九八〇年に任務を終えた。

ジュディ（家族も）は、静岡大学（ジュディは英語講師）以来の私の恩師である。息子も東京の本郷教会や学生センターで恩恵を蒙った。

ジュディは手記に残している。

「戦争は、関わるすべての人々に深い傷跡を残す。戦争とは、一方が正しく一方が間違いということはあり得ない。この大きな誤解が私たちの二つの国を残酷な戦争に追いやり、血を流し、多くの犠牲者を出した。私たちと日本人との間には、長い友好の歴史があった。だから、互いに敵対関係になってはいけなかったのだ。」

更にジュディは言う。

「自由のない、束縛された収容所生活で、人生の意義を教えられた。生命の尊さを学んだ。愛する日本人、経済的余裕のある日本人は、今はたして人生の意義を見出しているのだろうか」

この手記を書いたのは、二十年前である。日本人がバブルに酔っていた頃、彼女は静かな警告をしている。

［4］シルクロードの終着駅は奈良

シルクロード文化

シルクロード・ブームである。

キタローの音楽がどうの、オアシスの町の市場で買い物などという情緒的な話ではない。いま、シルクロードには世界情勢が緊迫している現実的な問題がある。オイル・ロード、民族問題などで強力な各国が関与している。

当稿では古代史に目を向け、シルクロードと日本の関わりに触れたい。

シルクロードとは、通説ではローマから唐の都・長安までの道だと言われている。実は、長安から中国や朝鮮半島、または中国から直接海を越えて、奈良まで続いていたのである。更に平安京（京都）までだ。

即ち、古代（縄文以来）の日本は色々な国の民族が辿り着いた多民族国家であった。飛鳥、奈良時代には、シルクロードを辿って中近東からの人々、中国人、朝鮮人、東南アジア人、モンゴル人など多様で、言語も多様であった。

聖徳太子は、「七つの耳を持っていた」と言われているが、彼も渡来人であり、シルクロードを渡ってくる時にいろんな言語を身につけ、七つの言語を喋ったわけである。「和をもって尊しとなす」は民族同士が争っていたからだ。

日本は単一民族（大和民族）だけだ、とうたったのは後世（特に戦中）に使われたのである。歴史はいつの世も勝者によって塗り変えられる。

奈良の正倉院の宝物を見ると、絹布の模様一つを見ても、シルクロードの特長のある図柄である。例えば、西方（オリエント）の唐草模様とか、鳳凰をあしらったものが殆どだ。中世、近代に見られない、ましてや現代の私たちにはかけ離れたシルクロードの文化が見られる。

しかし、かけ離れていたのではなく、私たちにゆかりがあるのだ。

明治時代に入って初めて、正倉院は一般に公開されるようになった。また、宝物の傷んだ個所の修復とか、新たに復元をされるようになった。

奈良時代の絹に使われた小石丸という小ぶりの繭を美智子皇后は長い間大事に養われ、その繭からの絹糸で正倉院の古代裂（ぎれ）を復元されている。

私は平成十七年、皇居の尚蔵館にお招きいただき、「古希記念特別展」の御披露にあずかった。古代史を眼のあたりに窺う宝物の数々である。丹念に復元された皇后様の慈愛が溢れた展示物であった。茜色の綾布の美しさは今でも眼にうつる。

シルクロードは再びブームになっている。私の次男は二十年前（一九八八年）、アメリカ留学中にシルクロードを自力で踏破している。

その経験が卒論のテーマになった中国問題「心の境界を越えて」は米国でオーナーズ賞受賞。はじめは一人だったが、途中で中国の大学生が「ぜひ連れていってくれ」とのことで二人旅になった。

シルクロードをぽつぽつ歩いていると、日本人の観光バスがさっと通り過ぎた。それを尻目に更に歩くと、トラックが来たので手を上げると停まってくれ、

「若い者、どこまで行くんかね」

「シルクロード（中国）の果てまで……」

ヒッチハイクを喜んで引き受けてくれた。おかげで、途中まで楽をした。

青海湖は日程の関係で夜になってしまった。同行した彼とレンタルサイクル（錆びた古い自転車）を漕いで真っ暗闇を突っ走った。星だけがたよりだったという。

シルクロードでの宿は、友人のおかげで寺に泊ったから宿泊費は殆ど只だった。その彼がパキスタン国境に近くなった頃、激しい下痢を起こして、早々に帰ってしまった。また一人になった。やっと国境に着いた。ふり返るとシルクロードは長く、もう一度そこを帰るのはうん

ざりした。

国境の官吏に交渉した。

「パキスタンへ行くバスに乗せて下さい」

「我が国に入ったからには、ビザの通りにまた北京に戻って、出国せねばならぬ」

ところが、彼は背中に背負っている息子のギターを見て、

「珍しいシロモノだな。ひとつ、弾いてくれないか」と相好を崩した。

「弾いたら、パキスタンへのビザをくれますか?」息子は交渉してみた。

「ああ、いいよ」

彼は一生懸命、「上を向いて歩こう」からはじまって、日本の唱歌、アメリカのフォークソング、ラ・クンパルシータなど弾きまくった。

「ペタン」とパキスタン行きのビザを押してくれた。

シルクロード遺聞である。

渡来人の足跡

タイや日本の仏像を見ていると、シルクロードの影響を受けているものが見つかる。タイに

もアユタヤ時代の威厳さを持つ仏像やスマイル・ブッダのようなスコタイ時代のものとの違いはある。

シルクロードの仏像は西方（オリエント）へ行くほど、アルカイック・スマイルの表情になる。ギリシャ美術・文化の影響が濃いのである。

その表情は見るほどに惹きつけられ、吸いこまれ、心が穏やかになってくる。

ひと昔前に、ガンダーラ、ガンダーラ……、という歌が日本ではやった。あのメロディを聞いていると、争いごとなど遠のき、なぜかのんびり気分になったものだ。

余計なことになるが、或いはタピストック研究所の心理作戦の「ビートルズ」登場で、世界のヤングを洗脳したように、「ガンダーラ」も日本のヤングの脳を「何も考えない方向に変える」術の一環だったのかもしれない。

それはさておき、ガンダーラの仏陀にお参りしたことがある。

パキスタンでの国際福祉会議に出席した時だった。会議はカラチ、ラホール、イスラマバードへ北上していった。そして遂にマルタン近くの「ガンダーラ仏跡」に至った。

幽大な仏像を仰ぎ見た時、旅の疲れはふっ飛んでしまった。威厳がありながら穏やかなものである。

古代にシルクロードを征覇したアレクサンダー大王が通過した所だから、ギリシャ美術の素地は色濃い。高原の風に吹かれながら仏教の崇高さと人類の永遠なるものに触れたひとときだった。

ガンダーラの真っ只中に佇みながら、日本のはやり歌など忘れてしまっていた。

そのアルカイック・スマイルに私は最近（昨年十一月）出会っている。「お太子様」（聖徳太子）のお寺（広隆寺）である。

当寺は推古天皇十一年（603年）に建立された山城最古の寺院であり、四天王寺や法隆寺と共に聖徳太子が建立した日本の七大寺の一つである。

日本書紀には「秦河勝《はたのかわかつ》が聖徳太子から仏像を賜わり、それを御本尊として建立した……」と記されている。この御本尊こそ現存する弥勒菩薩《みろくぼさつ》であることが広隆寺の実録帖に証明されている。

数々の仏像の宝庫であるが「弥勒菩薩」は国宝第一号に指定されている。美しいアルカイック・スマイルの如来である。微笑みをたたえる表情、指先のしなやかさ、身体の美しさは、仏教と人間の調和した真底からの崇高さと安らかさ（平和）を具現している。

秦氏族（秦氏、羽田氏、波多野氏、宇治氏等々）の大集団が日本に渡来したのは応神天皇の十六年で、養蚕・機織の技術を持ってきて、今でもそれを生業としている。

そのほかに、シルクロードを渡って長安の都に入って来た時に、都市づくりに協力した。だから通過地の大陸や半島の先進文化をも我が国土に輸入する役目も担った。

平安京（京都）はまさに秦氏らが長安の都にならって作った。碁盤の目の道路を区画したり、鴨川の流れから灌漑を作り、京の町に加茂川を引いた。元々、京都は沼地で人が住めない所だった。文化の輸入は他には農耕、醸造等教え、地方産業の発展にも貢献した。

秦氏は古代から三回に渡って、シルクロード（一度は海のシルクロード）を通って入ってきている。

広隆寺こそは仏教を興隆して文化の向上を図り、民衆の和合を求めた聖徳太子の貴い願いを秦氏が実現させた功績をも伝える寺だ。

そのほか、奈良や京都には渡来人の足跡が沢山ある。七月に行われる伝統行事の祇園祭のギオンはヘブライ語のシオンである。八坂神社のヤサカはヘブライ語でヤッサカ（神よ！）と叫ぶことばである。

今日、ユダヤ人やアッシリヤ人などの学者が日本の古代史を解明している。日本の鹿島博士も隠された日本史の研究に挑んでいる。

いつの頃からか、日本古来の歴史がなおざりにされているが、私たちの時代には（戦後であっても）教科書にこの如来の写真は載っていた。

今では「弥勒菩薩」といってもヤングには通じないが、外国人が日本再発見で知っている方が多い。

あのガンダーラは、二十一世紀に入って、紛争地になった。隣のアフガンの菩薩はかなり破壊された。

「仏像をこわした民族は必ず滅びる」と、パリで出会ったベトナムの僧のことばが耳に残る。

古代ヘブライ語の民謡

『ユダヤ人と日本人』(イザヤ・ベンダサン著)という本が大分以前に出版されて、アッと世間を騒がせ、ベストセラーになったことがある。

日本人とユダヤ人の類似性はどうしてだろう。この謎はようやく今、解けるようになった。両者はシルクロードで繋がっていたのだ。

そして今、前駐日イスラエル大使・エリ・エリヤエフ・コーヘン氏の著書『驚くほど似ている日本人とユダヤ人』(原題「大使が書いた日本人とユダヤ人」)が大いに話題になっている。

はじめて日本へ来た時に、他国へ来たような違和感はなく、むしろ町村の人々や都会の地下鉄の中の人々になつかしさを憶えた。

「自分と同じ東洋の人だ!」と。

彼は駐在中に、日本各地の神社を訪ね歩き、その類似性を解明した。日本の神社や神道の祭儀は、ユダヤ教の伝統そのものであることを発見した。

また、両国の学者たちが半生をかけて研究したものがいま発表されている。最も強烈な印象を与える論者は「中東問題研究所長」（国際時事評論家）の宇野正美氏である。

彼は第四次中東戦争の頃からユダヤ人論を掲げて、中東問題オンチの日本人に活を入れている。（彼の説はユダヤ人には二種ある、古代ユダヤ人とアシュケナージ・ユダヤ人である、と）

この視点で考えると、シルクロードを通過して日本に伝わったものが京都にはいっぱいあることを発見する。私たちは社会科の歴史で、昔京都は平安京と呼ばれた、と学んでいる。平安京とはヘブライ語（古代ユダヤ語）で「エル・シャライム」＝「エルサレム」（平安な都）という意味である。

秦氏らグループは、故国であるイスラエルのエルサレムと同じものを、シルクロードを通過してはるかに辿り着いた日本（京都）に造ったのである。

古代にシルクロードを通ってくるには、非常な困難と膨大な時間を費やしたに違いない。今のようにジェット機で一日で辿り着くわけにはいかない。恐らく二・三世紀（二・三百年）はかけて来ただろう、と宇野氏は説く。

イスラエルは最後にはローマ軍に亡ぼされた。それ以後「さまよえるユダヤ人」になった。

ある集団は西方へ（ヨーロッパ、ロシアへ、近年にアメリカへ）、他の集団は東へ、シルクロードを通過して奈良・京都まで来た。

各国を経てくるには、身分を隠し、現地人にとけこんで（現地人と結婚したり）商売をやり、ある時は突厥（騎馬民族）と合流したりして日本へ辿り着いている。海のシルクロードを辿って、舟で上陸した古代ユダヤ人もいる。

長い時間をかけて日本へ来るまで、彼らは血統を絶やさなかった。

シルクロードの駅となる町（例えば、サルマカンド）ではユダヤ人のウルトラ頭脳を使い、両替商をやった。シルクロードはイスラム圏内なのになぜ、オアシスや駅となる町にユダヤ人がいるのか、これで解明される。

弥生時代に入ると、後続渡来人にユダヤ民族は屈服させられた。そして全国に散って行った。いまだに日本各地に住んでいる。もともと、シルクロードを渡って来た彼らは、上に属するラビ（伝導師）たちであったが、やむなく、身分を落とされた人たちもいる。

東北地方に先祖代々伝わる不思議な民謡がある。

「ナギヤドヤラ」
ナギャド　ヤーラョー

ナギャド　ナサレダーデ　サーイェ
ナーギャッ　イウド
ヤーラョー

彼らはこの歌を歌い継ぎ、踊ってきたが、誰もこの歌の意味がわかっていなかった。だが、東北出身の川守田英二博士が、それは古代ヘブライ語である、と解明した。彼は長年アメリカに住み、古代ヘブライ語を研究したのだ。

この歌は旧約聖書の「出エジプト記」十五章の歌で、モーセとイスラエル人が神を讃えて歌ったものである。（クリスチャンはこの意味を理解できるだろう）。

「主（神）に向かって私は歌おう。
主は、輝かしくも勝利を収められ、
馬と乗り手とを海の中に投げこまれたゆえに。
主は、私の力であり、ほめ歌である。
主は、私の救いとなられた。
この方こそ、わが神。

私は、この方をほめたたえる」

これは古代日本人のルーツがどこから渡来したのかを示す歌である。緒方貞子氏が国連の高等弁務官だった頃、殆どの日本人が「我々は単一民族だ」と思っていることについて、外国人の日本研究者が尋ねたことがある。「日本が単一民族だなんて、日本人がいまだに描いている幻想にすぎない」と一笑に付したというエピソードがある。

古代以来、日本は多民族国家である。あなたの顔は何人に似ていますか？

奈良・京都は国際都市

私は作家という生業の他に、もっとウエイトをかけている仕事がある。NGOの福祉士としてコツコツと、そして精力的に動き回っている。

欧米でも障害者や福祉関係の人々を訪ねるが、タイと日本での奉仕は格別である。日本に行くと、講演会、会議、文士の交流など目白押しだが、必ず福祉活動もする。

以前、息子が通っていた職業センター（知的障害）が自宅の近くにあるが、つい先月も訪ねた。入所生の半数は同じ顔々、半数が新しく入所した生徒たちだ。その他「自立支援法」という悪法の下に外に出され、仕事がなく、やむなく在宅している青年男女がいる。

おなじみの子ら（といっても中年男女）が集まってきて、私と手をつなぎ、なつかしさに涙を浮かべていた。私のことをよく憶えていて細かいことまで喋り、話に花が咲いた。

このセンターの入所生の就職先に「ダルマさん」の製作所がある。そこでは真っ赤なダルマを作っている。真夏でも熱い作業場で不平を言わない子らがいじらしい。

ダルマは七転八起という縁起もので、かなりの家庭、会社などに普及されているが、ダルマにも多様な色があるのを知った。

ダルマは顔色が地域によって違うのだ。高崎のダルマ人形の博物館には全国のダルマが展示されている。

ダルマの出身地が地図に示されている。

白い顔のダルマ、茶色っぽいもの、赤色や黒色などのいろんなダルマがある。それらは帰化人になぞらえたダルマなのである。

この地方には白人が、こっちには茶褐色の人種が、あちらには南の方の黒人が、日本にやってきたのだ。なるほど、日本は多民族国家なのだ、ということがわかる。

転んでもまた起きる、七転八起のダルマ（渡来人）は苦労してシルクロードを通過し、終着駅の山河美しい日本に安らぎを求めたのである。

「正しい者は七たび倒れても、また起き上がるからだ」（旧約聖書「箴言」二四章十六節より）

中東方面からやってきた渡来人の強さはそのまま日本人の我慢強い心となったのだ。

そのような日本人がこの数十年来、外国人のいうなりになり、自己主張できないのはどうしたことか。日本人よ、起き上がれ！

中近東のルーツを探れば次々に日本に関連することが掘り出される。

古代にはアッシリア帝国（シリア、イラク、イラン地域にまたがっていた）が強大だった。北イスラエルはソロモン王の死後、アッシリアに亡ぼされて、イスラエル人はアッシリアに連行され捕囚となった。

その後、アッシリアはバビロン帝国やペルシャ帝国に亡ぼされ、アッシリア人はシルクロードを伝わって日本までやってきている。その時、イスラエル人も混じって日本へきた。

最後に、南イスラエルはローマ軍に亡ぼされ、多数の人々が東へ東へやってきたのである。

当時、アッシリアあたりではアラム語（古代ペルシャ語）が公用語だった。ややこしい話だが、アッシリア人が使っていたアラム語も日本でそのまま使われている。（日本語になっている）。

ヘブライ語とアラム語は同系統の言語である。

県（けん）→昔はアガタ→アラム語やヘブライ語はアグタ（集団のいみ）

奈良（なら）↓ナラ↓川のいみ、（奈良には大和川、吉野川、飛鳥川がある）
飛鳥（あすか）↓ハスカ（御住居のいみ）
父（今では東北地方で「アバ」というが、昔はアバと使われていた）
イエス・キリストもアラム語（ヘブライ語）を話した（エバタ〝開け〟、マモン〝富〟）

シルクロードのことを書くと、次々に「日本の隠された歴史」まで触れることになる。

聖ザビエルは日本に最初に来た人ではない。

実はアッシリア人やイスラエル人が既に古代に布教している。アッシリアは東方キリスト教といわれ、長い間西方キリスト教から異端視されてきた。

一九九七年、ウィーンで、マル・ディンカ景教大主教とパウロ二世（ローマ・カトリック法王）の間で和解が行われた。

古代に、アッシリアのキリスト教は中国まで達し、「景教」と呼ばれた。また、ペルシャは、五世紀にはもう、中国と交易を行い、人々が往来していた。

ＢＣ五七八年にアッシリア人信徒マル・セルギスと家族が長安郊外のリンタオに移住して布教したのが「史書」に記されている。

日本に伝来したのは仏教だけではない。奈良・京都は多民族、多宗教の国際都市であった。

光明皇后はキリシタン

今、世界情勢がグロバリゼーションに向かって急速に動いている。そのためか、大きな宗教が紛争につぐ紛争である。イスラム教とキリスト教原理主義の対決は終ろうとしない。

いったい、これで世界統一が成されるのかと思うが、紛争が泥沼になれば更に戦争をひき起こすだろう。

その果てに和解（和平）が生まれるのかもしれない。

二つの相反する宗教のように見えるが、よく考えれば、もとは旧約聖書から出ているのだ。旧約聖書は宗教ではない、という説がある。それでは何か。歴史書なのである。ちょうど日本書紀が歴史の記録のように。

欧米人は、旧約聖書を日夜、教訓として唱えている。アメリカの友人の家庭でもそうだった。フランスの友人も同様な唱え方をしている。

即ち、欧米の一流企業のビジネスマンは、旧約聖書の章、節を教訓として毎朝一章ずつ読んでは仕事の支えとしていることがわかった。決して狂信的ではなく、聖書のことばを教訓としているのである。

そのような発想法で彼らのビジネスや生活は成り立っているのだ。だから、それがわからない日本人には欧米流の考え方がわからないし、世の中がどう動いているのかもわからないわけである。

私はクリスチャンである。長い間新約聖書に基いて神の声（福音）を聞いていた。だが、それらのもとは旧約聖書から発しているのである。勿論、プロテスタントでも旧約聖書の聖句を学んでいる。

だが、旧約を徹底的に学ばなければ、欧米人の考え方が理解できないことがわかってきた。そこには現世がどのように成り立ってきたかの歴史がある。そして古代に現在を予言している。

第二次大戦後の日本では新憲法に基づき、宗教の自由が認められているが、江戸時代のキリスト教弾圧後は仏教が国教になっている。

いや、奈良・平安時代にも、多宗教だったのが仏教にすり替えられた。

何度もいうが、古代には多数の宗教があったのである。ユダヤ教、キリスト教、仏教、密教等々。いつの世も、権力者により、政治や宗教が替えられてしまった。（最近、蘇我入鹿邸跡の発見により、解説されているのはその一例だ。）

聖徳太子の時代には、既に仏教が国を統一した、といわれている。それまで広まっていたキリスト教やユダヤ教は姿を消してしまった。

聖ザビエルが日本にカトリック教の布教にやってきた時、隠れていたキリシタンがあちこちで密かに現われて、

「私たちはキリシタンです。長い間、ひそかに礼拝をしてきました」

と名乗り出たそうである（弾圧後のことではない）。

ザビエルも、そういう人たちに会合したいばかりに日本へ来たのである。

一説では、マラッカで出会った日本人のアンジロー（弥次郎）から、

「日本人は道理をわきまえています」

と聞いたので、まだ見ぬ日本へ布教に行く決心をしたとあるが、ザビエルは古代にユダヤ人、アッシリア人が日本へ渡って行ったことを知っていた。

「私たちもキリシタンです！」

「私たちもそうです……」

と信者が名乗り出た。

聖武天皇の皇后だった光明皇后のことを私たちは高校時代に学んだ。

皇后の皇子が白血病で死にそうになっていた時、ハシ人（ペルシャ人）の李密医（東方キリスト教徒）は聖書の中の「マタイの福音書」八章を読んであげた。「キリストによる病人の癒し」

として名高い聖句のある章だ。

彼は皇后に言われた。

「メシヤ（救世主）が皇子をいやしてくれますよ。信じますか……」

「はい、お救いいただけるのを信じます」

皇子はいやされた。以後皇后様はキリスト教を信じ、「悲田院」「施薬院」などの慈善事業をするほどのキリシタンだったのである。

当時、ハンセン病患者は、戸外に集められ藁の上に座らせられ、ごちそうを食べると、僧侶が説教を行った。そのあと役人たちが火をつけて、焼き殺したほどである。

光明皇后は、温室（サウナ）を建て、人々を癒し、自ら看護婦になった。ハンセン病患者の濃を吸っては吐き出して、施療した。このことは「絶対に人に話さないように」と言われたが、五百年後の記録に書かれている。

当時の奈良や京都がしのばれる。

［5］モンゴルへの道

国際バイカル・フォーラム

ポーランドのクラクフに昔ダッタン人が攻めて行った事実は、モンゴルの英雄ジンギスカンにとってみれば、馬に乗ってユーラシア大陸を駈けることが自分の庭を駈けるように自由自在だったのを裏付けている。

ところがコンコルド機の時代でも、ユーラシアを行くのは容易ではないが、私のモンゴルへの道は先ず日本からはじまった。

ソ連のゴルバチョフ首相が提唱した「バイカル運動（環境会議）」に、参加したことが、「モンゴルへの道」のきっかけであった。一九八九年十一月、日本の「アジア・アフリカ作家会議」主催で、「国際バイカル・フォーラム」が京都・琵琶湖で開催された。

参加作家は、ソ連、アメリカ、モンゴル、日本、韓国等から集まった。

アジア・アフリカ作家会議とは文字通りアジア太平洋からアフリカまでの広範な国々の作家

たちの会である。私は世の中を西側（資本主義）社会から見つめて書いていたのでは偏向するので、東側の社会も知りたくて、栗原幸夫氏（事務局長）の推薦を受け会員になった。日本政府は経済成長時代までは欧米一辺倒ともとれる政策だったのが、アメリカからのバッシングやソ連の崩壊後、やっとロシア政策にも近づいたのだから、私の視点は妥当だったといえると思う。

ゴルバチョフはソ連時代の最後の首相で、早、時代を先取りしソ連の改革を進めていた。人民代表会議でも、「……故に、目標は達しました」という代表の報告を受けると、あの独特な頭をふりかざして、

「君たちは、目標を達すればそれでよいと思っている。要はそんなことではない。どのように目標に達したかを知りたい。どのように、だ！」

机を叩き怒った。事大的な共産主義をなじっていた。

その彼が提唱したバイカル運動の日本大会が迫ったある日、作家会議事務局長の栗原さんからファックスが入った。「ソ連の作家たちが成田到着の日は、空港へ迎えに出てもらいたい。あなたが代表で花束を、彼らの代表のラスプーチンさんに上げてください」とのことだった。

一行はやってきた。ラスプーチンさんはジーンズ姿で、気楽な感じ、こわい人には見えなかった。作家同盟事務局長のエレーナさんが紅一点で、皆が彼女を囲むようにしていた。

「国際バイカル・フォーラム」はバイカル湖の水を守ることからスタートした。そのバイカル運動の今回は日本の番で、琵琶湖水の公害を保護する運動として開催された。

東京で顔合わせをした各国の作家たちといっしょに関西へ向かった。

琵琶湖に、大量の工業用水や家庭用水が排出されて汚染されているのが、地元の話題になっていたので、舟に乗って視察に行った。

確かに岸辺のあたりは既に水の色が変わっていて、汚染されているのがわかるが、中ほどに進むに従って、全体的に青い色に見え、公害なのかどうかわからないが、会議の時の水質のデータを見て、昔のきれいな水とは違うことが納得できた（何しろ、私はバンコクのチャオパヤ川の泥水を見ているので）

この時、中之島に寄ったのだが、長い石段の上の神社まで登るのに、野間宏氏は中途までしか登れず、両脇を支えられてあえいでいた。私も少し交替して手をとってあげたが、もう今は鬼籍に入っている。

この会は、洗剤などの大量消費、水の大量汚染を訴えて、水を保護する運動に盛り上がった。次回はモンゴルで行われることになった。

ウランバートルへ

北京の空港は大変混雑していた。ウランバートル行きの飛行機は何時に飛ぶか分からないような状態だった。とにかくチェック・インのため我々は列に並んだ。が、どの列かわからないほど人でごった返し、我々は文句を言いながら固まっていると、

「そこの人たち、乗るんですか乗らないんですか。きちんと並んでください」

日本語が聞こえた。見ればゴルフスタイルの日本人、いわゆるTシャツにスポーツズボンの商社マン風の人だった。

「ここはウランバートル行きですよ。いったい、どこへいらっしゃるんですか」

「ウランバートルです。でもアナウンスもないし、よくわからないんですが……」

一行の中本先生（ロシア文学教授）がこたえると、

「あっ、中本先生じゃございませんか。これはどうもお見それしました。その節は大変お世話になりまして……」

急に彼は低姿勢になり頭を下げた。日本のＸＸ商社の方だった。しかも、中本先生にロシア語の個人レッスンを以前受けたという。

「ぼくはウランバートルに駐在しているんです。カシミアなどの買い付けで……」

さすが商社はモンゴル交流が早かった。一九九〇年七月下旬、その時点で日本とモンゴルとの自由な正式交流はなかった。我々は民間人として政府より先にモンゴルへ行くところだ。第四回バイカル運動フォーラム一行として……。

メンバーは神奈川大学教授の中本先生、一橋大学教授の田中先生（モンゴル学）、立教大学教授の川崎先生（中央アジア史）、作家では立松和平さんと私、歌人の福島泰樹さん、ほか三名の計九名である。

何時に出発かアナウンスがなかったのに、ほぼチケットにある予定時刻に、小型プロペラ機は離陸した。夢に見たモンゴル、私の心のふるさとへいよいよ出発だ。

機内を見回すと、モンゴル人、中国人、ソ連人（当時の名称）などなど……、日本人はあの商社マンの他にも数人いた。話しかけて見ると、旧日本軍墓参第一団であった、

「モンゴルにいたのは戦争中ですか、戦後ですか」

「戦後です。抑留されてウランバートルにいたんです。ビルを建てる作業をしていました……」感慨深気な眼に涙がにじんでいた。

「ソ連兵は苛酷だったけど、モンゴル人にあったかく扱ってもらいました……」彼は鼻をすすった。

公共ビルは大抵日本兵が建てたという。ビル工事がない時は、彼はちょっとした技術を持っ

ていたので、モンゴル人の自動車や自転車の修理をした。それを大変感謝されて、モンゴル人から暖かい待遇を受けた。充分な食事や友情など……。

「わたしらは抑留仲間でも、モンゴルに送られたからしあわせだったんです、シベリア送りの人たちよりも。あの、親切にされたおじさんたちに、早く会いたい……」

墓参はモンゴル側からはまだ許可が出ていないが、とにあれ第一団ということで日本を出発した。

「郊外に二ヶ所あるんですよ。空しく死んだ旧友たちを慰問したい……」彼の眼は半世紀前を見つめていた。

ソ連に続いてモンゴル・ペレストロイカがはじまった時ではあったが、まだ日本兵墓地の墓参は無理だった。その時点ではまだ何も整っていなかった。あっちこっちに兵の埋葬の跡があるのみだった。ソ連崩壊後、墓は手をつけられたが、今でも赤十字の許可なしには立ち入ることはできない。

空と草原

ウランバートルのボヤント・オファー国際空港に着陸した。見渡す限り、空、空、空である。

ロビーには少しにぎわいがあったが、用意された車ですぐに市内に向かった。

空と草原の中を行く。

「この通り、道に並木はないのです。モンゴル人は何キロも先が見通せる空間が好きなのです。だから眼をさえぎる並木などは、やぼったいのです」

東京外大を卒業した通訳のボルマーさんが説明してくれた。

「町の中は別ですが、このような郊外では並木を作っても、羊や馬が葉を食べてしまって育たないのです」

何とほほえましい。しかし、環境破壊どころではない。見渡す限り緑の草原（夏期）だ。

古いホテルだが、一番良いというところへ入った。新時代のためにホテルを二つほど建設中（当時）だったが、まだ間に合わない。がっちりした、コンクリート剥き出しの室内だ。多分ソ連式というのだろう。

モンゴルの作家やエコロジィ関係の役人たちと顔合わせの夕食会があった。大歓迎である。待ち構えていたらしく、皆背広姿であらわれたのは壮観だ。体格や顔色がいいからだ。それにひきかえ、我々は正式な服を着たのは二、三人でいくら旅行中とはいえ、ＴＰＯを心得ないカジュアルでは貧弱だった。

モンゴル作家代表のバルドルジさんから挨拶があった。彼らはペレストロイカの時代が来て、世界の人々と対等に伍していく姿勢をわきまえている。

バルドルジさんとの小さな思い出は、琵琶湖上の船内で、

「あのう、フィルムを余分に持っていませんか。もう、終ってしまったんです」

遠慮がちに私に囁いた。私は即座に一本上げた。

「お代のかわりに……」

私にそっと、モンゴルの小さな人形をくれた。男女のカップルの民族服が可愛かった。

フブスクール湖

「バイカル・モンゴル・フォーラム」（環境会議）は、成功裡に終った。

モンゴルに着くと、先ず各地に行き、モンゴルの自然を肌で感じ、いろんな人々と交流できたことは、短い滞在の珠玉であった。そして最後の二日間をウランバートルに帰って会議をもったことは最良策であった。私たちは初めて訪れたモンゴルを見聞し、予備知識を得て、余裕をもって会議に臨むことができた。

モンゴルは工業がかなり未開発であるにもかかわらず、既にエコロジィ運動を起こしているのだから、人々の自覚は称賛に価する。いかに、自然や人間、動物への愛着があるかが、滞在

中に窺えた。

作家バルドルジ氏を筆頭に他の作家たちもエコロジィ問題に気づき、それを民衆（自然保護同盟）が全面的に支持し、問題提起をしていた。

モンゴルはアジア大陸の中央部に位置し、ソ連・中国と国境を接している。その大きさは、丁度ヨーロッパがすっぽり入る広さだ。国土は草原と砂漠から成る高地である。

私たちは最初、北方の、ソ連国境に近いフブスクール湖に案内された。この湖はセレンガ川を通してソ連のバイカル湖に繫がっており、六〇パーセントの水が入っていく。バイカル湖は、周囲の工業開発のためにすっかり汚染されてしまった。ではフブスクールはどうだろう。

見渡す限り、周囲三六〇度の草原を私たちの乗ったソ連製の軍用ジープはひた走った。舗装されていない道を毎秒ゆられるのはきつかったが、それを忘れるほど周囲にはロマンチックな高原の花々が、涼しい夏の風にそよいでいた。モンゴル草原は高山植物の宝庫である。

数時間ゆれて辿り着いた海抜一六四〇メートルのフブスクール湖は、神秘的な青さに輝いていた。私は声が出ないほどの感激。ソ連作家団は「ハラショ！」と叫んでいる。

富士山麓の町に生まれた私が、子どもの頃遊んだ小川の水は太陽を反射して、きらめいていた。（その後、その水は工業の発達と共に汚染されてしまったが）。眼前のフブスクールの水があの頃のように輝いている。それほど澄んでいて、まだ飲める水なのである。

湖岸の町ハツガルにある「フブスクール湖研究所」所長ジャンバージャムツ氏が語った。湖周辺には天然ガスの出る所が二ヶ所ある。更に三キロメートルほど先にリン鉱山がある。このように豊富な天然資源を開発するか、しないか、八十年代初めに政府と民間でもめた。その結果は次ぎのように決定している。

（一）　国立公園とする。

（二）　世界の財産に認めてもらう。

（三）　本格的研究所の設立。

作家バルドルジ氏は「フブスクール湖は倒れる前に救え」という著書を表わして、環境保護の先頭に立っている。

我々が最後の秘境と思った湖は、既に汚染されはじめているのである。近くの木材工場の廃棄物による汚染、湖上の石油輸送のための汚染、発生の仕方はバイカル湖と同様だ。

水深二百六十メートルの湖と同じ青さの空の下、湖岸の草原でフブスクール県知事の主催による野外パーティが行われた。羊の丸焼きや牛のバーベキューが供され、アルヒ（モンゴル・ウオッカ）で一同は乾杯した。草の上にアグラをかき、膝つき合わせてモンゴルやソ連の作家たちと骨付き肉をしゃぶると、元々モンゴロイドの我々は、国境を越え、アジア人という広汎な人種に帰すうしていった。空と湖の青さが眼に沁みる。モンゴル人の広い心を象徴するというこの青さは、何としても世界の人々が保護しなければならないと思った。

ゴビの夜

プロペラ機は一気にウランバートルから南ゴビに飛んだ。我々一行は宿泊するゲル（包）に荷物を置いて、砂漠をジープでひた走る。見渡す四方は、ラクダの食む草が一面に生え、ステップ地帯一色である。時折、ラクダの群れが地平線に現われ、また遠ざかる。あとは草の海、また海（原始、ゴビは海だった）。

ようやく山岳地帯にさしかかった所で車を降りた。峨峨とした岩山が重なり、その下は草原の渓谷である。九年振りに雨が降ったとかで、緑が清々しく、せせらぎさえ流れる。山肌の斜面や道行く足元に、一面に高山植物がゆれている。むらさきの濃淡、ピンク色、白、黄色、水色などの野の花畑をトレッキングすると、まるでアルプスにでも入り込んだようで、とてもモンゴルとは思えない。

夜はゲルで地元の人々と、日、ソ、蒙、米の作家たちとの座談会。馬乳酒や乳茶を呑み交わしながらエコロジィを論議する。ジンギスカン時代には、二千人も容れる大ゲルで集会が行われたそうである。地元の人々の発言は、この処女地でもやはり公害が起きていることを証かした。彼らは放牧地を守るために、熱心に訴えていた。

最後にブリヤード族の作家が自作の詩を朗読したのに答えて、我々は「月の砂漠」を大合唱した。ゲルの外は半月の下、ゴビの夜が更けていく。

モンゴル紀行は書いたら際限がないほど興味深いものであるが、もう少しエピソードを拾って記すことにしよう。

フブスクール湖畔のパーティで、作家バイヤール・サエハン氏と語る。彼は「深い世界」というバイカル湖の自然についてのドキュメンタリーと、「フブスクール湖」についてのTV番組をつくったことから、ユネスコ賞を受けている。

彼は、「現在、モンゴルの経済は不安定であるが、人口が少ないので開発に手をつければ短期間でできる。しかし、人の精神は改革に時間がかかるから、先ずエコロジィ問題を盛り上げていきたい。それについては、先進国の例がいろいろあるから、それを踏まえてわが国では失敗しないようにする可能性がある」と前向きであった。

中部都市にある「銅コンビナート」を訪れた。年間五万トンの銅とモリブデンを産出している。製品の輸出先は大部分がソ連（当時）である。その他、チェコ、東独、ハンガリ、ブルガリァ、フィンランド、中国で日本へも少し輸出している。品質は優良。

会社の会議室で、工場長を中心に私たちの一団は会議をし、工場長に質疑応答の機会も持った。その一部を記すが、従業員の内訳のパーセンテージに驚いた。五六七〇人のうち、七〇%がモンゴル人、三〇%がソ連人の専門家と技術者である（初期の頃は、ソ連人が八〇%であった）。

合弁とはいえ、ソ連人に管理されてしまっている。

日タイ合弁の従業員のパーセンテージを比較すればよく分かる。日本人のスタッフは全体の一%にも満たないくらいだ。それでも異文化における価値観の違いから、両スタッフの間で摩擦や矛盾などがあり、日本人管理者の労務管理は大変なものである。社会主義体制下とはいえ、両国のスタッフ間に矛盾が起きないのか、敢えて聞いてみた。答えは「問題ない」ようなあいまいなものだった。それは、ソ連作家たちへの遠慮だったと思う。

なぜなら、会が終ってから工場長が私の所に来て、「さっきの質問やご意見をありがとう」と、熱っぽく握手をしたのである。

そのあと、露天掘りを見学に行き、山上で説明を受けている時、ブリヤート自治州の作家が私に囁いた。

「さっきは私たちを代弁してくれてありがとう。私たち人民はいつも自立したいと思っているのです」といった。

更に驚いたことには、二人のソ連人作家（カザフ自治州とアゼルバイジャン代表の人）が、野の花をつんでそっと私にくれた。彼らはソ連離れをして自立したかったのだ（事実、そうなった）。

ウランバートルに帰ってから、モンゴル作家のバルドルジさんがその朝の新聞を見せてくれた。

「あなたのおっしゃった意見が、新聞に出ていますよ」

皆が好意的だった。私のモンゴルへの旅は終った。

河原操子のこと

長い間、私の脳裡に埋もれていたことがある。

河原操子のことである。私は操子に関する少ない資料に三十数年前に出会っている。書きたい、と思った。モンゴル熱にもこの時目覚めたのである。

だが、当時モンゴルは鉄のカーテンの衛星国で、秘めたる国であった。

それから二十年後に、急にモンゴルへの道がひらけたのである。

そして今、彼女の一世紀前の足跡を辿ってみて、既に書き上げ、連載もした。眼前にモンゴルの草原やパオ、木の塀で囲まれた部落などがよみがえる。

今年（当稿を書いている二〇〇六年）はちょうど日露開戦から百年目に当たる。当時の日本人の意気は国民総決起であった。ロシアが朝鮮半島まで南下してきて、次には日本侵略が目に見えていた。老いも若きも日本を守るため立ち上がった。

日露戦争開戦の大義名分は「帝政ロシアの満州及び朝鮮半島への侵略を防ぎ、日本への脅威を守るため」に、国運をかけたものだった。

日露戦争のために操子の活躍は大したものだった。彼女の活躍によって、挺身隊の七人の烈士はカラチン（内モンゴル）を通って、シベリア鉄道爆破（後方撹乱工作）に成功し、ロシアの手すきのうちに日本軍は旅順を陥落できた。

のちに第二次大戦の時、熱河省（カラチン旗）を満州に組み入れることができたのは、この時の操子の活躍も影響している。

第二次大戦の時は国民総決起とはいえ、大国アメリカに勝つかどうか疑問を抱いていたインテリ学生などは、その手記を読むといやいやながら出征していったことがわかる。だが、百年前は国民に躊躇はなかった。日本がロシアの植民地になるかならないかの瀬戸際だったのである。

日本は第二次大戦の敗戦後、五十九年間新憲法を守って、自衛隊を戦場へ出さなかったが、今年初めて、「国のため、行って参ります」と誓う自衛隊員を送った。〇六年十二月、防衛庁を「防衛省」とし、海外派遣を通常任務とする自衛隊法成立。

日露戦争開戦の百周年目の重大事である。

III

中国、ベトナムそしてパリ

ゴジン・ジェム大統領（故人）の一家。母堂90歳の祝賀。
後列3人目がマグム・ニュウ

［1］中国今昔

大文豪・金庸

早いもので、香港が中国に返還されてから、来年で十年になる。返還までの十年ぐらいはタイも騒然としていたものだ。特に「戦場を市場に」のキャッチフレーズで投資を歓迎したのは、チャチャイ首相であった。ビルやコンドミニアムの建設がはじまり、香港の華僑が争って投資したものである。日本も進出企業が一年間で倍になった。

中国本土も香港も騒々しかった。

そのような状況の時、返還に向けて「香港基本法」の起草委員を引き受け、着々と動いていた人で、大文豪と呼ばれる中国の作家・金庸氏がいる。

彼は本土の浙江省の生まれである。第二次大戦後に、勤務のため香港に移った。一流紙の「大公報」に採用されたためである。大公報のグループ紙に武侠（ぶきょう）小説を発表したのが皮切りだった（五十五年）。意気ある彼は早くも五十九年には独立して日刊紙「明報」を刊行した。

五本の指にも満たないオール・スタッフで出帆した。大変なことである。社説、コラム、連載小説は金氏が全力で受け持った。

いい加減なことなら一年も持たないだろう。

「ペンの力は正義に打ち勝つ」の如く、一字とて疎かにしなかった。そして連載小説では得意の武侠小説で腕をふるった。武侠小説とは弱きを助け、悪の強きをくじき、正義を貫く小説である。

面白おかしいだけではだめだ。テーマに作者の信念や思想が盛りこまれていた。文学とは思考なり、人間は考える葦である等の名言の通りである。

日本の作家でいえば吉川英治などが金氏にたとえられる。読者は平易な文章や血湧き肉おどるストーリィに惹かれ感銘を受ける大衆文学である。やはり大文豪である。

日本では「巌窟王」が翻訳されており、私は子どもの頃、抄訳を夢中で読んだものだ。感動があった！　世界文学全集には多くの社から「モンテ・クリスト伯」の題名で出版されている。

この数十年、日本にとっての重大問題は日米関係、米露の冷戦などだったのではなかろうか。

しかし、世界政府のターゲットは中国問題や中東問題であった。

その情勢下で、難問な「香港返還」は、決定されるまで中国人（香港人、台湾人その他も含めて）にはタブーなことで、意欲ある人は水面下で動かなければならなかった。

金氏の経歴を見れば、重慶の中央政治学校で教育を受けたが、在学中に他の学生の不正を抗議したカドで退学になった。

正義のためには悪に迎合できない、この勇気ある精神を今、我々の誰が持ち合わせているだろうか。

中国の喩えに「巧言令色、少ないかな、仁」があるが、うまいことばのワナには真心などある筈がないという格言である。タイ語にもある「プート、ワーン」ですね。

金氏の小説は発行すれば必ずベスト・セラーになって、一億部もヒットしている。私たちは中国の文豪といえば魯迅、巴金などを連想するが、金氏も彼らに並ぶ大文豪である。魯迅らも民衆のための言論人であった。

彼は起草委員になった。大変な役だが正義のために動いた。

本土出身だが数十年香港に在留したからには「香港から受けた恩に報いたい」という思いからだった。

九十七年七月、香港は本土に返還された。

今、世界は急速に統合に向かっている。処々で戦争や紛争があるたびに、世界の政府たちは会合して、指針を練り直している。世情が混沌としている、この時こそ正義が求められている。悪や権力に迎合して間違った方角へ引きずられてはならない。

宋慶齢の故居で

久しぶりに北京を訪れた時、西北部にある宋慶齢の故居を訪ねた。ラストエンペラーの生誕地でもある。

私は宋家の三姉妹に大変関心を抱いているので訪ねてみたい所だった。

柳のそよぐ静かな池のほとりにある。中に入ると見学客は私たち以外に中国人の一グループだけで、庭は静寂である。石庭あり、池あり。明朝、清朝風のデザインの回廊をめぐりながら、ひととき、タイムスリップする。

ここで彼女はデンとして、夫・孫文の思想を支え、彼の意志を継ぎ、欧米やソ連と渡りあって大外交をしていたのである。

くわしい歴史は省くが、日本は妹の宋美齢の夫である蒋介石との一方外交（第二次世界大戦を含む）であったが、日本をはずした大国たちは「慶齢まいり」をしていたわけである。しかも、遂に西安事件の結果、相反する国民党と共産党を合体させ、一丸となって抗日運動に向かったのも、戦いの影には女あり……の慶齢の活躍による。

　種々の展示物の中で、私はポーズして写真を撮ってもらった（撮影は可能である）。

　すると、若者が
「中国語が話せますか。それとも、英語が話せますか」

と、背後から声をかけた。

「英語はOKよ。中国語は筆談です」

と答えながら、よく見るとさっき、玄関の入り口にいて、

「どうぞ」と招じ入れた人だった。ずっと、私たちのあとをついてきていたのだ。

「あなたは？」

「大学生で、ガイドのボランチアです」といった。

　打ちとけて色々説明をしてくれたが、私たちが中国の歴史を知っているので驚いて、

「どうして知っているのですか。どこで学んだのですか」

「日本では世界中の歴史の本や、世界情勢に関する出版物が溢れていますよ（それでも、日本のヤングは読まない。マンガばかりで活字に親しめないが）」

　日本の思想、言論の自由に更に驚いていた（それも、法の下で段々しめつけられつつあるが

――。個人保護法とか）。

「ロシア革命も知っていますよ」

「えっ、どうしてソ連の歴史を知っているんですか」

彼は中国の「秦の歴史」を知らなかった。

いわゆる革命史を知っているだけで、共産主義思想だけだ。

きのうのことだった。

天安門から地下鉄に乗って、建国門まで行った。

真昼だが結構混んでいて、満席で立っている人もかなりいる。東京の地下鉄のことを思えば、まだすき間があるし、まああと思って、私たち三人はつり革につかまった。

と同時に、三人の人たちが席をさっと立って、譲ってくれたのである。恐縮して、辞退したのだが、当然のように立った。

三人とも学生か、二十五歳前の年令に思えた。特に私に席を譲ってくれた女性は、大きなスーツケースを持っていたし、次の駅で降りるのかもしれないと思ったのだが、そのままつり革につかまって立ち、私たちの降りる駅で降りていった。

何気ない謙譲心だが、旅の身にはありがたい。タイでもこのようなことがよくある。仏教心からくるミーナムチャイである。

実は、東京では情けない思いを何度もしている。シルバーシートに息子が座っていたら、高校生がきて、

「こらっ、でけえなりして、どけ！」とどなった。

「障害者ですが」私が言うと、

「何ィ！」と、またどなる。

息子は体格がよい。しかし仕草を見て、

「なあんだ、そうか」

といって、通路に入っていった。そのことばも、私にはジンときた。白眼視したのである。

まだある（ついでに書く）。普通席に私と息子と座っていたら、ええ格好した奥さんが眼の前に座ったが、彼を見て、席を変えてしまった。そういう日本人だけでない人もいるのは勿論だ。

今回、北京では中国人の若者の自意識を度々感じた。彼らは愛国心やプライドを持っている。それは教育の方針だと思う。今、中国は経済発展や軍事に備えて再教育（富国強兵）を実施している。

王府井と銀座

最近、中国の友人（大学教授）が初めて来日した時、東京のスポットを歩きながら歓談した。その内の一つ、「銀座へ行きたい」というので車よりも地下鉄で案内した。女性なら銀ブラだろうが、彼の見たいものは何か。私はある想像をしたので、車で町を通ると限りなく東京なので、銀座そのものを訪れるのは、地下鉄を上がり、パッと眼の前に立つことだと考えた。

地下鉄から降りて、階段を上がり、四丁目の角へ出ると、

「あっ、王府井と同じ！」

と言ったのだ。

シャレたブチックやデパートが並んでいるからそう思ったのかな。

私は（違う！）と思ったが言わなかった。

昔の王府井の方がよかった。昔の銀座の方がよかった。それぞれの風情があり、決して同じではなかった。

私のいう「昔の王府井」は二十三年前のことで、初めて訪れた時の印象だ。アカシア並木があり、古びていて、工人服の人たちが少しだけ行き交ってはいたが、百年も前の写真にそっく

りで情緒があった。

尤も彼が銀座を王府井と同じ、といったのは両方とも趣がなくなってしまい、現在は違いがないわけだ。

私も今回、王府井には地下鉄で行ってみた。地上に出ると、アスタイルで固めた広い鋪道があり、人がごった返し、両側の商店は色彩が派手で、目がチカチカ痛くなるほどだ。バーゲンセールの呼び声が行き交い、王府井散歩には疲れた。

アカシア並木のなくなった大通りよりも、私が探しているものがある。「金魚胡同」――それは王府井大通りの丁度中間地点にあった。これも忙しい通りになったが、並木があるので歩き易い。

昔、泊った和平賓館があった。入口周辺が少し変わり、名称も外資の名前になっているが、中は和平賓館だ。このホテルに泊っては、王府井界隈を歩いたり、天安門その他へ行ったものだ。

私は第二次大戦中の面影や、その頃日本軍に傀儡にされた李香蘭の面影を追ってみた。王府井との交差点には金魚胡同の標識が大きく出ているので、探すには苦労しなかった。

二十年前は昔の面影を留め、近代的な胡同の標識などは出ていなかった。

簡単に探せたことにも失望したが、激しい車の往来にもがっかりした。ひそかな胡同でなくなったからだ。

それでも夢を追って歩くと、古い食堂があった。ランタンの灯がぼうと点る風情など李香蘭時代を彷彿とさせる。こんな所で、日本軍の北支司令部からの報道部宣撫担当の山家少佐は李香蘭と食事をし、手なづけていた。

日本人や中国人の要人などは絶対入らない、庶民的な回族料理店であった。柔らかい羊肉のシャブシャブ屋である。そんな場所で、二人は巧みな中国語で話し、ある時は日本語になったり、と民衆の中に埋もれて会っていた。

「淑子ちゃん。歌手だけではなく、ひとつ、映画にも出てみたら？」

「まあ、おじさまったら……」

そんな意図があったのか――。

ゴマダレで食べるシャブシャブの味は格別だった。

「どう、淑子ちゃん。お小遣いは足りてるの？」

痒い所に手が届くような宣撫ぶりだった。一軒だけ、そんな面影のある店の写真を撮った。金魚胡同にこだわらず、私は他の場所（三里屯の胡同とか、王府井のはずれ等）でもそんな風情のレストランを見つけて、カメラに収めた。

だが、王府井大通りの様変わりには失望した。そして今の銀座。商店は外資の攻勢で、どこの国かと思う。表通りには昔の柳がない。

ところで友人は銀座で何を見たかったのだろう。裏通りの方には、中国資本が大分入っている。

私は彼の意図を聞くことはできなかった。

十数年来の友ではあるが、体制の違う国の人である。

季節労働者

北京の新建築群を見たとき、上海の外灘の新建築群をみてはいるが、それでも驚いた。がっちりとして品格があり、落ち着いた佇まいだ。車の交通渋滞があろうと目ざわりではない。

例えばタイのニュービル群は、てんでに勝手なデザインで目立ちたがるようにそびえ、隣に調和していない。建築中のものをハイウエイから見ていると、まるでマッチ棒を組み立てているようなか細さだ。姉歯建築のような「問題のチェック」があったら殆ど不合格のような気さえする。

中には、日系企業が作ったビルでサートン路に優秀なものもある。副社長（私の友人）自ら、アジア危機のあった中で、華僑のオーナーと何度も話し合い、納得のいくビルを作った。彼は仕事に情熱があり、タイの部下ともうまく調和していた。

「何があっても、あれは大丈夫だな」

とサートン路を通るたびにそのビルを眺めている。

北京の新ビル群が喧騒な都会の中で周囲とマッチしているのは、古い都の貫禄や、昔からのインフラがあるからだ。そして、パリのように都の中に高速道路を通していないのも都市美を保っている由縁であろう。

さて、北京の外観はそうだが、貧富の格差には考えさせられた。

大通りの一歩内側の胡同に入ると、庶民の生活が見える。まるでクロントイ（バンコクのスラム）のような様相だ。だが、違いがある。食い物屋や雑貨屋を営んでおり、それなりに活気がある。人民は朝はそのような所で食事をし、勤めに出ていくのである。もっと、貧富の差を発見し、うなってしまった。私の出合った人たちは殆ど季節労働者だったのである。

王府井のはずれにある四つ星ホテルに泊ったが、すぐ傍に小さな食堂を見つけたので朝晩はそこを利用した。中は活気があり（おいしくて安いからだ）、接客態度もよかった。ホテルのビュッフェより格別に美味な中華料理だ。

私たち三人家族を見つけると、必ず笑顔で応対して席へ案内する娘がいた。言動からうぶな娘ということがすぐわかる。

二、三日してから、仲よしになった記念に写真を撮った。
「送ってあげるから、このレストランの住所を書いて」

彼女は直ちに書き、説明をした。

「一つはここの住所よ。もう一つは実家の住所。あと三ヶ月したら帰省するので、家に送ってください」

四川省の奥から出てきた六ヶ月契約の季節労働者だった。彼女は三ヶ月後には失業するわけだ。

私はオーナーが奥にいる時に写真を撮った。

オーナーは超安い労賃でパートタイマーを雇い、ふくらんでいく利益でもっと上にのし上がるのである（これは資本主義社会ではあたりまえだが）。

かような季節労働者（貧困階級）には至る所で出会ったが、そのバツイチの北京駅風景を伝えよう（上海駅でも同様だった）。

私は古い都の貫禄にたまげて、上ばかり向いて歩いていたが、北京駅に至って、気が重くなった。失業者の山だ。駅前の広場にごろごろ寝て屯ろしている。任期が切れて故郷に帰る人たちだ。

北京の夏は暑いが、光化学スモッグで太陽が滲んでいるので、陽の下のアスファルトに平気で寝ている。てんでにズタ袋に故郷へのみやげをいっぱい詰めて、それを枕にしている。夜汽車の切符か、明日の切符を買うためかわからぬが、途方もない長時間を耐えている。駅の中に入っていく人たちは切符のある人たちであろう。

寝ころんでいるグループの最も貧しげな所へ行って、私はしゃがんだ。実は光化学スモッグにやられて、眼が痛く、頭痛ががんがんして疲れていた。

その中のリーダーらしき人に筆談をはじめる。

「何省の何県へ帰るのか」

「北京は好きか。どんな仕事をしていたか」

私は高校二年の時の担任が国学院大出身で、漢文をばっちり仕込まれたので、筆談ができる。いつも筆談（と簡単な会話）で充分なコミュニケーションができたのに、今回は全然通じない。彼は次の人に回した。両者ともチンプンカンプンである。

疲れた。

彼らは多分、最奥の人たちである。（チベットとかウイグルとか）毛沢東は言語を統一したとはいえ、そこまでは普及していない。特に貧困の人は文盲である。

「一国両制」という制度を鄧小平が作ったために、今中国は共産主義と資本主義が入り混じって国内はメチャクチャ、貧富の差は拡がるばかりだ。それでも投資ウエルカムは軍事拡大を急いでいるからである。

北京の三里屯大通り

今回の北京訪問で見たものは、国が膨張しすぎるほど膨らんだ姿だった。たとえ貧富の差はあるにしても、中核では先端へ向かって伸びていくエネルギーを感じた。

思考を重ね、最新情報を分析すると、行き着いたものは、アメリカの存在である。中国はアメリカを意識しているのだ。マスコミで喧伝する「靖国問題」の相手は日本ではない。

私は今度の滞在では中国人から一度も敵対心などを感じなかった。学生、庶民、官吏、教授、ホテルマンなどと接触しても、拍子抜けするほど、我々には親近感を持っていた。

米中冷戦はとうにはじまっている。

アメリカは今年三月、ペンタゴンで二〇一〇年までのＧＤＲ（国防戦略）を発表した。詳しい内容は省くが、アメリカははっきりと、中国を仮想敵として打ち出したのだ。

経済成長を続け、軍事力強化を続投し続ける中国に、もはや大いなる敵対心を膨らましているのである。

その基本戦略を知った中国もアメリカに対して猛烈に反発している。

その中間に挟まれている日本は大変なものであるが、冷戦のあおりを両側から受けていることなど、日本国民は殆ど知らない。現象だけを見て云々しているのである。スポーツ、料理、クイズ番組でボケ頭にされているからわかるわけがない。

たとえば、ちょうど日本に、一時帰国した時テポドンやらノドンが七発も発射された。タクシーの運転手が、

「全く、北朝鮮はにくむべき敵ですねぇ！」と怒りをこめていたが、何もわかっていなかった。

北京は光化学スモッグを除けば、美しい都である。

三里屯の大通りをゆっくり歩けば、いろんなものを発見する。標識の「幸福村」なんて名前はいいねえ。並木の下では、季節労働者が花壇つくりに励んでいる。

昼時なので、鋪道に並ぶレストランは盛況である。中でも最も旨そうで、ハイカラでない飲茶の店に入った。水餃子を注文したら一人前で大皿に十二個も入っている。

北京に来てから一番おいしいものを口にしたのは、これだった。安価である。外国人だからと値をふっかけられはしなかった。

他のテーブルで食べている楽しそうな母子を見ながら舌鼓を打っていると、隣室のＶＩＰのテーブルから、突然どなり声が聞こえてきた。

「払えばいいだろう、払えば！」

ちらりと視線を向けると、タカリの人らしい。彼に請求書を出した娘は、店主のツケを見せているのだ。

物騒なことになると困る、と不安を覚えたが睦まじい母子はパクパクと食べている。他のテーブルでも席を立つ人はいない。どうやらその光景には馴れっこらしい。何とか収まった後で、店を出た。二、三軒先の角に交番があった。

「困ったことには相談に応じます。気軽にお尋ねください」という意味の貼り紙があった。今のレストランの件と交番は表裏一体だ。共産党政府の内側を覗く思いである。

大通りの反対側に北京工人体育館が横たわっている。二〇〇八年のオリムピック会場になる場所だ。多分、卓球とか、室内競技だろう。

通りに面した看板のオリムピック・マークはグッドデザインだ。「京」と「人間」のイラストを組み合わせ、中国の意気のように生き生きしている。

だが、メイン会場の工事が遅れているらしい。

日本の新聞にはそんな記事が出るが、開催までカウントダウンの時計を提示したりする気の短い日本人とは違って、メイスウモウ（小さなことにはこだわらない）なのかもしれない。

いつだったか、アメリカでのオリムピックの時もそうだった。遅れていると、心配気な報道だったが、立派に開催された。
中国は二〇〇八年まで膨張し続けるのだろうか。
同年には、ターニング・ポイントの重大事が目白押しである。
○七年十二月　韓国大統領選挙
○八年三月　台湾総統選挙とプーチン大統領退陣
○八年四月　韓国総選挙
○八年八月　北京オリムピック
○八年十一月　米大統領選挙　ああ……。

木陰に「ハミ瓜」のロバ車が停まって、花壇づくりの労働者にそれを売っている。彼らはハミの故郷（ウイグル）から来たのかもしれないなどと考えながら、私は歩いて行った。

内田政子夫人

王府井界隈を歩くと、一世紀前を連想する。

北京の早朝、零下二十度にも下がる厳しい冬の朝、王府井のラシャ店前に洋車（ヤンチョ・

人力車）が停まった。中からミンクのコートを着た上品な日本夫人が降りてきて、店の中に入る。

一見、ショッピングかと思われる何気ない光景ではある。

「ちょっと、麻の布地を見せてください」

「お色は何色にしますか」

「そうねぇ……、茶色か草色……」

店員は、二・三反を早速広げて見せる。

「こんなあらい目でなくて、厚手がいいわ」

「おいくら？」流暢な北京語である。

彼女は選んだ二反を包んでもらうや否や洋車に乗って、霧の中に消えた。

彼女こそ、内田康哉公使（当時は北京公使館）夫人である。

日露開戦が近く、暗雲が漂う真っ只中であった。

私が「王府井」ということばで連想するのは賢夫人の彼女のことである。

以前当紙に「操子潜入、カラチン城へ」で連載していた時、この一シーンも書いている。

平和ボケしている日本人には、当時、女性までが一丸となって国を憂え、南下するロシアに立ち向かっていたことなど理解できないかもしれない。

平和ボケ、そう、いくら中東紛争があろうが、米中関係がおかしくなろうが、国の借金が一〇〇〇兆円になろうが、まだ日本人は平和ボケしている。新幹線や地下鉄がテロに狙われていることなど、おいもの煮えたも御存知ない。

一世紀前は、維新後（明治中期）、もはやロシアの植民地になるかならないかの危機が迫っていた。

男子のみならず、女性までも活躍したのである。中には、この政子夫人、河原操子、下田歌子等々、陰に陽に暗躍した女性たちの功績は大きい。

政子夫人の夫は、後に五度も外務大臣を務め、明治、大正、昭和にかけて腕をふるった人である。（カミソリ大臣・陸奥宗光の訓育を受けた）

当時、操子は諜報活動のため、表向きは内モンゴル・カラチン王国の教育顧問として赴任することになった。一方、北京公使館を通じて四十七人の日本青年烈士がシベリア鉄道（ロシアの兵や軍需品輸送）を爆破するために送られることになる。

彼らは、カラチン府を通ってシベリアへ向かうルートを通ることになった。その城では、北からの情報を逐次とって、北京公使館へ通報する操子がおり、烈士たちを迎えて、シベリアへ次々に送る役目を担っていた。

烈士たちは、現在のアラブ人や二次大戦の特攻隊員のように爆薬を身体に巻きつけて、シベリア鉄道を爆破したのだ。

爆薬を巻きつける腹巻をどこに発注するか、内田公使や青木大佐たちは頭を痛めた。中国人の下請けに出せば、スパイ網を張りめぐらせるロシア側に感知される。だが、民間の日本人にも頼むわけにはいかない。

苦策の末、内田公使は「よいアイデアがあります」政子夫人にそれを頼んだ。彼女は立派に任務を果たした。

麻布を抱えこんできた彼女は、その夜の内に、自室に二人の女中を呼び、手縫いで四十七枚の腹巻を三人で夜なべして作りあげた。

彼女が王府井のラシャ店に買い物に行った裏には、このような物騒な秘話があったのである。

昨年暮れに、夕刊フジの一面にセンセーショナルな記事が載った。

「上海領事が中国から色仕掛けでハメられ、日本からの暗号文書を強奪され、自殺した」

NHKでも放映されたが、中国政府に問い合わせると「その件は解決済み」で片付けられた。

その時、私の友人（男性）が「外交官は夫婦単位で赴任すべきですよ。そうすれば、色仕掛けにハメられなかった」といったが各人の事情もあろう。

だが、内田政子夫人の場合は特別に賢夫人だ。王府井あたりで自分のショッピングにうつつをぬかしていたわけではない。夫を内助外助の功で支えた「大和なでしこ」である。北京語も流暢だった（ことばの問題だけではない）。

彼女は操子をカラチンへ送り出す朝も、配慮して郊外の安宿で待機したが、変装用の支那服や蒙古服を「あなたはピンクがお似合いと思って」と何着も手渡した。

ジュディの思い出

王府井大通りの中ほどに、大きな教会がある。

「改革・開放」直後の頃、私は度々雲南省を訪れていたが、既にキリスト教は開放された。共産主義国の宗教否定が開放されたのだ。紅衛兵が仏閣を破壊して歩いた仏教も。

北京でかように大きな聖堂を見たのは、それ以来これが最大ではなかろうか。

折しも、聖堂の鐘がガランガランと鳴り響き、礼拝の時間を告げた。広場に屯していた信者の男女が堂内に吸われていく。

満州が開放された直後、私は北京や満州を訪問した。その頃、私の恩師（大学と教会で）ハイランド夫妻も北京を訪れた。

天安門広場はまだ人民服の中国人ばかりだった時、アメリカ人夫妻は目立った。しかも夫妻は長年日本に住んだので日本語が自然に口に出て喋っていた。

自転車をこいで近づいた公安から「なぜ、アメリカ人なのに日本語をしゃべるのか」と咎められた。私も当時、大連で人民に文革のことを質問したので、ガイド（服務員）に一々尾行されたおぼえがある。

大航海時代には、キリスト教を掲げて、スペイン、ポルトガル、イギリスが世界を制覇した。十九世紀、二十世紀には中国の内陸へ英米が入ってきた。イギリスはアヘンを、アメリカは宣教師を送りこんだ。

宣教師の娘だったパール・バック女史は、内陸の農民の姿、すなわち中国の内部を克明に描いている。恩師のミセス・ハイランド（以下ジュディと書く）も、大学を出ると中国への布教を望んだ。宣教師として、若い九人のグループがミッションとして送られた。時は、一九四〇年十月だった。

アメリカを出帆した船は、日中戦争泥沼の中国への舳先を途中でフィリピンに向けられた。国務省の通達だった。

「残念ね。中国にあこがれていたのに……。でも、戦争で不安定なら仕方がないわ」

若き宣教師たちは、フィリピンに上陸するとすぐにルソン山中のバギオへ向かった。町中が松林で覆われた美しい高地だ。丘の上に立派なバギオ大聖堂があった。彼女たちは、町の市場の前のアパートに宿泊し、人々に布教をはじめた。一方で、中国語のレッスンもはじめたのは、いつか（戦争が終れば）中国へ行けるという望みを捨てなかったのだ。

それも束の間、翌年夏頃から不穏な空気が漂いはじめた。

「日本軍が北部からバギオに入ってくる！」

十二月八日の真珠湾攻撃のニュースを聞いて、運命を覚悟した。

その日の夕方、日本軍にジュディたちは拘束された。米軍のジョン・ヘイ・キャンプへジュディたち九名も含めて敵性外人の五百名が収容された。

収容所長は、ジュディたちがピクニックに登った山で時々出会った日本人の大工で、何と彼は軍服に着換え、将校として現れた。

「あっ、あのおじさん！」彼は山岳地帯の金鉱で長年諜報活動をしていた日本軍の生え抜きだったのだ。

食料や水、トイレットペーパーに事欠く苦しい日々だったが、ジュディは一筋の光が射した日のことを私に語ってくれた。

マニラの収容所に送られるまで、そこでは庭に出ることを許されていた。鉄条網の向こうでは、日本兵が行ったり来たり中を監視していたが、木の下で聖書をよんでいたジュディたちに視線を向け、

「すみません、自分もクリスチャンです……」とささやいた。

彼女らは感激し涙をうかべた眼で合図を送った。この時から、きっと神に救われる、という望みを持った。

戦後、生還したジュディ（中には他数の人が病で死んだ）は故郷に帰り、待っていたフィアンセと結婚した。国務省からの辞令は日本への布教だった。

私は大学でジュディの教えを受けた。在日三十年の布教を終えて、夫妻は中国へ旅行した。だが、奥地の雲南省にはまだ入ることはできなかった。

王府井の大聖堂を仰ぎながら、私の回想は尽きない。だが、世界がグローバル化する中で、キリスト教はエキュメニカル運動をしている。文明や宗教の衝突している今、宗教も統合に向かうだろう。

ダライ・ラマ

北京にある毛沢東の故居を訪ねてみたかった。

タクシーに行く先を告げると、

「それはもうない」という。

「どうして？」

「他へ移してしまった」

「地図に出ている！」と私が突っ張ると、回りのドライバーも寄ってきた。

「どこに移したの」

異口同音に「どこか田舎へ移したよ」という。

それを聞いてあきらめたが、中国の内面が読める。

天安門の上に飾ってある毛氏の写真は人民服姿である。広場の人ごみには、もはやそんな姿は見当たらず、女性など原宿よりファショナブルな格好だ。（肩だしルック、シースルーなど）ＴＶに映る胡錦濤は銀行マンかとまごうネクタイ姿。もう、毛さんの時代ではないことは明きらかだ。

その広場に、最近、忽然とポタラ宮が現われた。（問題の）チベットの「世界文化遺産」である。つまりポタラ宮殿のミニチュア（高さ十メートル）が、人民大会堂を背に飾られたのである。

これは何を意味するのか。

十月一日の国慶節に準備したのはわかるが。非民主的、人権問題をアメリカから非難される中国は、必死でチベット人を前面に出しているように見える。

ポタラ宮殿の中には、秘宝がいっぱいある。それを拝みに入る敬虔なチベット人にとって、このように軽々しく扱われるのは却って、反発を買うのではなかろうか。広場に公開したのでは、チベット民族の反感、暴動を誘発するのではないかと危惧するのである。

また、中国では青蔵鉄道が完成し、ラサまで達した。

ワンサと押しかける内外の観光客は既に二百万人を突破した。二〇一〇年には五二五万人に達する。

青蔵鉄道は観光客を運ぶだけではない。まだら模様の軍用列車も通っている。チベットの隣はトルキスタン、カザフスタン、そしてイランも遠くはない。

二千年の歴史を誇るチベットは、中華人民共和国樹立後の一九五九年に、共産軍に侵略され、第十四世ダライ・ラマはインドに亡命した。

のちに、世界中を訪れ、平和や人権擁護を唱えている（ノーベル平和賞受賞）。

ダライ・ラマはチベットの民衆から第十三世の化身として迎えられ、五歳の時に即位した。大変賢明な幼児だった。

彼の手記には――

「私は地位の低い農民の家の出身であることを嬉しく思ってきた。私は、まだ非常に幼いとき、村を離れた。しかし、数年後、これから私が話すように、中国からの帰途に、私はタクツエル村をあわただしく訪問した。私が先祖伝来の村と私の生家を見たとき、私は湧き上がってくる誇らしい気持を押さえることができなかった。私は、もし、私が金持ちや貴族の家に生まれていたら、私は身分の低い階層のチベット人たちの感情や考えを、充分理解することができなかったであろうと、いつも痛切に感じてきた。私は、低い生まれのために、彼らを理解し、彼らの心を読むことができる。これが、どうして、私が彼らに強い同情を感じ、そして彼らの人生、運命をよりよくするために、できる限りの努力をしているか、という理由である」

これを読めば、現在のダライ・ラマの言動が理解できる。彼は中国を「隣人・中国」と呼んでいる。

歴史をふり返れば、チベットは何世紀にもわたって、中国と相互尊重の関係であって、あきらかに「別個の古い国家」である、とも書いている。

ダライ・ラマは、日本を四回訪れている（九〇年までに。その他の三十数カ国も訪問）長い歴史の中で、チベットは英国との協定を重んじており、国際関係はそのほか、インド、ネパール、ブータン、シッキム（今はインド）らの隣人との結びつきが濃く、我ら日本人は暖かく見守るのが賢明である。

［2］いまベトナムをふり返れば

マダム・ニュウ

ベトナム戦争というとベトナム人は「どの戦争？」というほど、ベトナムには被征服の長い歴史があり、古くから隣国の中国やフランスに侵略され、第二次世界大戦の時は日本軍も進駐したり、動乱の歴史である。

我々の言うベトナム戦争とは、アメリカの介入した第二次インドシナ戦争のことである。第一次インドシナ戦争は、第二次世界大戦後日本軍が去ったあとフランスに再支配されたので、北部のリーダーであるホー・チ・ミンが南部へも呼びかけて反植民地主義を掲げ南部の抵抗軍と共に戦った長期戦のことである。

最後にはディエンビエンフーの戦い（一九五四年三月）でベトナムはフランスに勝つが、ジュネーブ会議で北緯十七度線を軍事境界線として南北分断国家となった。

中国とソ連に承認されてできた、北のベトナム民主共和国では一九六〇年南北統一を目指す憲法が公布された。

一方、南ではアメリカの応援でゴ・ジン・ジェム政権が成立した。一九五四年、ジェム政権は反政府者（共産主義者など）を厳しく弾圧した。それが却って火に油を注ぐこととなり、民衆はジェム政権に敢然と立ち向かって闘争を繰り広げていった。

彼らは六〇年十二月に「南ベトナム解放民族戦線」として結集し、アメリカとジェム政権に対して宣戦布告をしたのがベトナム戦争（第二次インドシナ戦争）のはじまりである。

ケネディ大統領は大々的に軍事協力を行ったが、解放戦線の抵抗には手を焼き、戦争は泥沼化していく。南ベトナムはカトリック（いわゆる外国の宗教）だったので、北の仏教徒たちの反発は激しく、六三年には町なかで僧侶の焼身自殺の抗議もあった。一人だけではなく次々と尼僧までも焼身自殺して反政府、反アメリカを唱えた。手こずるアメリカはジェム政権を見捨てる結果になる。

そして六四年には反政府の渦巻く北ベトナムへ爆撃を開始した。反政府軍は北部からラオス領内を通って南ベトナムまで掘られたホー・チ・ミン・ルートを使って、武器・物資などの援助をし、米軍にこれでもかと思うほど激しく抵抗した。

米軍は泥沼化する戦いをやめず、枯葉剤や毒ガス弾の攻撃は世界の人々の大批判の的となる。激しい戦闘状態は更に数年続くが、一九七五年四月三〇日ついにサイゴンが陥落した。七六年にベトナムはベトナム社会主義共和国となる。

ざっとベトナム戦をなぞってみたが、私はあるきっかけから、かつての南ベトナムのファースト・レデイ、マダム・ニュウ（ニュウ夫人）に取材するチャンスがあった。彼女は今、パリに蟄居して、パリとローマの家とを往復している。ニュウ夫人といえば憶えている人も多いと思うが、南ベトナムの大統領だったゴ・ジン・ジェムの義理の妹（ジェムの弟ニュウの妻）である。

大統領はサイゴンで暗殺されるまで一生独身だったから、ニュウ夫人は南ベトナムのファースト・レディとして大活躍した。何といっても世界に轟いたのは、ベトナム戦争の最中に、僧侶がゴ・ジン・ジェム政権に反対して焼身自殺をした時、

「僧侶のバーベキュウなど見たくない」と発言したことである。

この鶴の一声によって彼女は悪女のレッテルを貼られたが、新聞や雑誌を通じて見る彼女のそれに反して何とも愛らしく賢夫人のようで、そのイメージが私の脳裡には長く焼きついていた。

その思いが昂じて遂に私はパリにやってきた。

パリはエトランゼの街、私もその一人として時々友人の書斎を借りている。そして、私の友人には南ベトナムから亡命してきた人がいる。

この十年来、パリへ来るたびに彼と出会っているのだが、最近彼がマダム・ニュウと旧知であるのを知ったので、どうしても彼女にインタビューをしたくて、早速パリに飛んできたわけである。

パリに亡命している数人のベトナム人に会って、最後にニュウ夫人に会うつもりである。その内の一人が私の友人（ニュウ夫人と旧知）のハフォン氏である。

先ず、彼にベトナム戦争の記憶を辿ってもらった。彼は語りはじめた……。

大統領付きのプレス

私の父は、ゴ・ジン・ジェム大統領付きのプレス（カメラマン）でした。父と大統領はサイゴンのショロン（中華街）出身で幼友達だったんです。

一九五四年、デイエンビエンフーの戦いが終わる一週間前に、私は、父のようなカメラマンになることを目指して、スイスに留学しました。十五歳でした。

その頃サイゴンはまだ静かでした。大カテドラル（聖母マリア教会）の塔が青空を区切るようにそびえ、その前の広場や大通りは人影もまばらでサイゴンの落ち着きがありました。私は毎日その前を車で通って大統領官邸（現・統一会堂）の一階にあった父のオフィスに通いました。日曜日には、その教会にミサに行くのが習慣でした。私の家族はクリスチャンです。

私の家はそこからほど近い第二宮殿（現・人民委員会）の傍にありました。その周辺は町の中心地で、私の卒業したミッション・スクールやアメリカ情報局（現・レックス・ホテル）がありドンコイ通りが続いています。車や自転車が行き交ってはいたものの、街の並木は緑たわわに通りを覆い、シクロ（軽輪車）や人力車がのんびりと行き、今思えばサイゴンの良さが彷彿としてきます。

一九五九年、無事学業を終え、サイゴンに戻ってきました。スイスから帰った私はアオザイ姿のベトナム女性の美しさに魅せられ、ガール・フレンドにうつつをぬかしたものです。しかし、アメリカの兵隊はもう町に出没していました。夜になると、ファングーラオ通りのバーはGIでにぎわったものです。それでも、サイゴンはまだ平和を謳歌していました。

私はプレスとしてスタートしました。父に従って、カメラのシャッターを切りました。父がゴ・ジン・ジェム大統領専属ですから、彼を中心に撮りました。ジェム大統領家族とか国賓とか、いろんなＶＩＰをフォーカスしました。勿論、マダム・ニュウもです。ジェム大統領は独身でした。偶には大統領家族にプライベートで招かれたこともあります。

彼の部屋に通されると太っていたので椅子に掛けないでいつも絨毯に横座りし、ソファに片肘をついてもたれていました。静かで端正で、まるで僧侶のようでした（彼はクリスチャンですが）。彼のベットはシングル・ベットで、簡素な感じでした。食事が運ばれてくるとそのままの姿勢で絨毯の上に置かれた膳から料理をとって食べていました。

時にはそこに他の人々も招かれ、いっしょに飲んで、歓談しました。

何よりもカメラが好きで、それをいじっているのを良く見かけました。ある時、ドイツ製のカメラを父にくれました。それを私は後に亡命してパリに来てから使っていましたが、最近中国の雲南省へ旅行した時に盗まれてしまいました。

一九六〇年に突如、宮殿でクーデターが起きました。ベトナム国軍が宮殿を占拠していました。というより、一部の分子が謀反を起こしたのです。しかし、それはすぐに鎮圧されました。大統領は無事でした。一九歳の私に、しかも大統領側の私にわかったのはそれだけです。

その頃から、ジェム大統領の反政府者への弾圧はひどくなりました。共産主義に同調する宗教家（主に仏教徒）や作家などの知識階級をびしびし逮捕しました。

町にはアメリカ兵がいっぱいになりました。アメリカの軍事援助が目に見えてわかりました。不穏な空気が漂ってきました。戦争になる！　そのような噂がいろいろな所で密かに囁かれていました。友人の間、親戚の者たち、多分アメリカのＣＩＡに使われている中国系の友人とか、はてはサイゴンにきた北の友人等々から漏れてくるのです。同年（六〇年）ベトコンはアメリカとジェム政権に対して戦争をはじめました。

しかし、サイゴンの町は一見、平和を粧っているようでした。アオザイの女性が自転車をこぎ、天秤棒を担ぐおばさんたちが急がしそうに行き交い、夜になるとナイトクラブではアメリカ兵や南ベトナムの金持ちたちが遊び呆けていました。私も遊びました。

ある日父から

「一七度線まで行ってきなさい」と言われました。

「各地でくまなく写真を撮ってくるんだ」

「でも、田舎は大分危なくなってきたそうだけど」

父は厳しく諭しました。

「サイゴンでうつつを抜かしているんじゃない。村の様子、人々、ベトコンの状況などを撮って来るんだ」

これが最後の取材旅行になりました。

フランスへ亡命

ハフォン氏は更に語った。実はスイスから帰って以来、祖国の美しさを再認識し、私は地方へ何度も撮影に行っています。それまでは結構楽しい旅でした。ガールフレンドに会ったり、そのため地方の町に何泊かして脱線したりしました。それより、一面に緑の絨毯のような田んぼがひろがり、切り立った岩山が川面に映っている景色に見とれ、何度もシャッターを切りました。

今度は状況が違うところへ行くのです。至る所にベトコンが出没するということです。反面、反ジェム政権の学生たちや僧侶の集まりの中で、アメリカのＣＩＡは時限爆弾を爆発させる。「自動車では目立つので危ないから、スクーターで行くとよい」

父の命令に従わなければなりません。

田舎へ出ると、案の定、チェック・ポイントが設けられていて、通行人をチェックしており、以前よりものものしくなっていました。私はプレスカードを提示してフリーパスです。

国道は前よりも悪路になっており、穴ぼこでスクーターごと横倒しになったり難儀しました。広い田んぼを走っている時、木蔭でアメリカ兵と女性が話し合っているようでした。

何気なく「やあ」と声をかけて通り過ぎようとしながらよく見ると、彼は女性に英会話を教えていました。田の仕事の合い間に農民は英語を習っているのです。今考えればそれは米軍の南ベトナムへの懐柔のスキルですね。

ダナンの近くにガールフレンドがいることは有利でした。今度は父の指令で来たので遊んでいるわけにはいきませんが、彼女の家に泊めてもらいました。

「アメリカ兵は子どもたちに飴をくれたりして親切よ。でも夜になるとこわいの――。村人がベトコンかどうか探りにくるの。こんな戦争はいやだわ。以前はのんびりした村だったのに」

彼女は村の様子を語ってくれました。もはや村ぐるみベトコンに巻きこまれているのを知りました。

ある時はスクーターのオイルがなくなったり、無人の村をいくつも通ってお腹をすかしたり、十七度線の橋が見えてきた時は、よくぞ辿り着いたと思いました。今まで不肖の息子でのんびり遊んでいた私には大変苛酷な旅でした。

橋の真ん中の北ベトナムの赤い旗に焦点を合わせて興奮しながらシャッターを切りました。これで父の指令を果たした――と思った瞬間、すげ笠の農民が

「若いお方、サイゴンから来たのけえ」と小声で聞きます。

「もう、この村は危ねえ。早く帰りな」

そこはラヴァン村でした。村民は皆カトリック教徒です。北の者やベトコンが夜ごとに銃を持って来るとのこと。この村がベトコンに襲われるのは時間の問題のようでした。

難儀の旅のあと、私はある決心をしました。父に恐る恐る渡仏したいことを言うと、無言で

したが、後日、ゴ・ジン・ジェム大統領の直々の出国許可証が下りました。私はプレスという名義でフランスへ亡命しました。

時折、間違いを訂正しながら辿った彼の記憶は、いわゆるアメリカ軍が北爆を開始する混乱期であった。

ジェム大統領の暗殺

次に私はハフォン氏の友人（南ベトナム人）を頼って、パリの町はずれに住んでいるハミン氏に会いに行った。今は夫婦とも退職していて、静かな余生を送っている。鈴蘭が可愛く咲いている庭で、奥さんが迎えてくれた。私は夫妻には数年前にも会っているので、再会を喜び熱い抱擁を受けた。

ハミン氏が語る。

私は父が貿易商で、パリに滞在している時に生まれました。だからフランス籍なのでベトナム戦の時は亡命しても不都合ではありませんでした。一九五〇年から六五年まで、私自身はフランスの商社からサイゴンに派遣されて、祖国で暮らしました。だから、ベトナム戦を見ています。一九五五年に米軍がどっと、サイゴンに入ってきましたね。ゴ・ジン・ジェムは米軍を欲しかったのですね。

私は六一年にサイゴンで結婚しました。ハフォン氏と友人なので、よい写真を撮ってもらいましたよ。その頃から戦争の影はサイゴンにも浸透してきました。六三年には道路やカセドラルの前で僧侶の焼身自殺が相つぎました。

六三年一月にゴ・ジン・ジェムと弟のニュウの暗殺がありました。誰の手にかかったのか、というんですか？　うーん、それは……。その頃、サイゴンのあるセンターに勤めていた私のガールフレンドが「知っている」というのですよ。

とにかく、その時の状況はこうです。ジェム兄弟はショロンの教会へ礼拝に行っていました。軍の追及を感じて隠れたのですね。会堂前にアメリカ軍の戦車が横付けになり、中からベトナム軍の司令部からの兵隊が降りてきて、「二人を保護する」と教会から二人を連れ出しました。その後、二人は車の中で暗殺されました。

それを聞いた時、私には日本の戦後の混乱期に起きた下山事件のことが頭をかすめた。下山国鉄総裁も所用中の三越デパートから行方不明になり、翌朝常磐線綾瀬駅近くの線路脇で死体となって発見された。

ハミン氏は続けて言った。

その後、（同年六月）ケネディ大統領の命で、カボット・ロッジが南ベトナムの米大使として赴任されました。

同年十一月にケネディ大統領もダラスで暗殺されましたね。

私はアメリカの北爆が始まってもサイゴンで仕事をしていました。ベトコンはサイゴンまでは破壊しないだろうと人々は判断していました。だから、六五年に一時帰省のつもりでパリに住む両親のもとへツーリストとして帰りました。四歳と生後五ヶ月の二人の子どもの手を引いて、スーツケース二個だけ携えて。

それがサイゴンとの最後の別れになりました。サイゴンへ戻ろうとしても、米軍の許可が下りませんでした。私は祖国も家財も失ってしまいました。

戦争は誰も好きではないですよ。やり始めれば、シャロンのように全アラブ人を殺したいような衝動に駆られるでしょう。

パリの礼拝所

地下に納骨堂があった。僧侶の案内で霊気迫る中へ入る。北ベトナム人や中国系アジア人やフランス人と結婚している北ベトナム人の納骨をしてある。パリに亡命して、果てた人たちである。

外へ出ると、うすぐもりだった空に少し午後の陽が射し、庭は春の花ざかり、スミレ、鈴蘭、ライラックなどのプチ・フルールから、しだれ桜や大輪の辛夷の花まで、ベトナム戦を忘れるほど咲き乱れていた。

車を運転してくれた老ドオ氏が語る。

「わたしはもう長老ですが、ディエンビエンフーの戦いの前に亡命しましたよ（第一次ベトナム戦）。尤も留学のためにでしたが。それ以来ベトナムには帰っておりません。もう、かれこれ半世紀になります。わたしは北の出身です。だからあのパコダの集まりには欠かさず参加し、協力しています」

車のカセット・テープのボリュームを上げた。シャンソンが軽やかに流れてくる。

今朝、ハフォン氏が何のかのと用事にかこつけて、私をパコダは案内しなかったわけがわかった。彼は南の出身、パコダは北の人の集まりだからである。

冷戦の犠牲者は朝鮮半島、元東西ドイツなどあるが、ベトナム戦もまさしく冷戦のなせる悪行である。パコダの人が語っていた。

「戦争は科学の発達（武器や新兵器をさす）のなせる悪です。だから私たちは仏教哲学をこれから成長する若い人々に教えなければなりません」

次に私は南の人たち（亡命者）の集まりにも行ってみた。これにはハフォン氏も喜んで同行してくれた。

パリの町並木はマロニエが二分咲き、プラタナスはどれも萌木、アカシヤ、ミモザも若葉に萌え、固い石造建築物を和ませている。車は並木がすっかり無くなって、コンクリートのアパート群が立ち並ぶ北の町はずれに入ってきた。とあるアパートの地下に、南からの人々が集まる礼拝所があった。

今日は日曜日でちょうどミサが始まったところである。私もクリスチャン、旅人の身では久しぶりに礼拝できてうれしい。

祭壇の脇で聖歌隊の老若男女がうたっている。伴奏は粗末なギターと小さなエレクトーンだが、それでも聖なる賛美歌は会堂中に響いて祈祷する人々の心に沁みていく。

ベトナム人は大変日本人に似ている。神父の説教を聴く周囲の人々は私が遠来の客だとは気づいていないだろう。

神父は最後に「ベトナムよ、永遠に栄えあれ」と唱えて、アーメンを三唱した。

私は人々に紹介されると、各々が日本人に親近感を寄せる挨拶をする。皆に混じって食堂で昼食をとった。殆どの人がベトナム戦後に難民になって、パリに辿り着いた人たちだ。

「私たちは、ボート・ピープル（難民）です」と神父自ら私に語る。「フランス国籍もいまだにありません……」

図書室の室長は「戦争が終った時（七五年）は八歳でした。飢えて、苦労したことは筆舌に尽し難いです」と唇をかみしめた。彼は七七年にパリに着いた。その二年間は受入れ国を求めて家族と右往左往したことになる。そういえば、日本では当時、難民を受け入れなかった。

彼は最近サイゴンを訪れているが「好きではない」と呟いた。処々にホー・チ・ミンの銅像や名前が目につき、昔のサイゴンではないことを思い知らされた。筆者が出会った人々は口々にそう言った。北の人ですら、政府が変わってしまって、戦後の建国のホー・チ・ミンの理想とは違うものになってしまったと沈鬱な表情になる。現政府のあり方が問われているのだ。汚職、専横、そんな声はアジアに住む私もよく耳にする。

もう、ベトナム人は誰にもだまされないだろう。第二次大戦時、日本が助けてくれるかと思ったらフランスと締結し、見捨てられた過去があるので、自分たちで独立しようと立ち上がったのがホー・チ・ミンと国民の意気であった。

高原の町・サパ

かってフランス人が愛し、残していった避暑地はもう一つある。

ダラットがヨーロッパの香りを秘めるなら、サパはもっと素朴でベトナムの土の香りもする。

緑色の光線かと、まごうように目を奪われる段々畑の山をいくつか越えると、サパがその奥にしっとりと表われる。

山間にはフランス風というか、ヨーロッパ風な家々が立ち並び、朝な夕なに最も美しい瞬間を極める。この世とは思えぬ、幻の国かとも思う。

「とに角、幻想的なのよ。パステル調の建物が山々の間に浮かんでいる様子は……」

私は感激をタイの友人に話した。私のように山岳地帯に夢中な彼は「連れてってくれ！」と迫った。

「ハノイまでは飛行機か列車で行けばよいのよ」

私は先輩ぶる。

「だけど、もし列車で行くならニワトリと同居もいとわないでね」

いわゆる三等車は、コケッコッコーを持った人などが乗りこんでくるのだ。

ともあれハノイに着いたら、今度は、中国国境のラオカイまでは鉄道（ハノイ―昆明）を使わねばならない。これが十時間位かかる。バスという手もあるが、二十四時間かかる。

やれやれ、ラオカイに着いた。ここからミニ・バスで天国へ通じるような山々のライス・テラス（段々畑）を楽しみながら一時間半だ。突如、桃源郷のような千六百五十メートルの高原の町・サパに着く。

「朝晩のもやにかかった風景はまるで水彩画かパステル調……」

友人は私のことばにとびつき、重いリュックサックを背負ってドンムアンを発って行った。忘れた頃、スケッチ入りのハガキが届いた。

「まさしく、桃源郷だ。ここを離れたくない。女性（山岳民族）も素朴で魅力ある」という（彼は芸術家）。

垢抜けたダラットより、サパは土の香りがするのは、周辺に少数民族の回廊があるからだ。花モン族、マン族、ザイン族など、タイ北部では見かけぬ山民が住んでいる。私は山岳民族との交流には目がない。自分のルーツのようなノスタルジアを感じるのである。

サパはディエンビエンフー（第一次インドシナ戦の場所）への経路でもある。ラオス国境との山奥で、ベトナム人はフランス人との戦争に勝った。そこはラオス最奥のポンサリー州と背中合わせの所である。私は一九九三年にポンサリーを訪れた時、もうすぐ、ディエンビエンフーという国境まで行ったことがある。元パテトラオ（ラオス愛国戦線）の兵士だった案内人が国境手前で「あの向こうがディエンビエンフーですよ」と緊張して指さした。だが私はそこで体調を崩し、発熱してしまった。

ベトナム戦（第二次インドシナ戦）の時は、ラオス人（パテトラオ）は応戦してポンサリーで米兵と戦った。

ラオスの友人の弟は、アメリカのヘリコプターをソ連製の銃で何機も撃ち落としたと自慢する。そのベトナム戦でも、ベトナムはアメリカに勝った。

サパの幻想に酔っていた私は、ある秘密に目覚めた。第二次大戦の時、日本軍は中国人や華僑の抗日運動に煩らわされ、援蒋路を断つことに躍起となった。

そのルートはいくつかあったが、ラングーン―マンダレイ―昆明や、ハノイ―ラオカイ―昆明のルートは主なものだった。

ラオカイに近いサパはフランスにとって避暑地のほかにもう一つの意味があったわけだが、日本軍が仏印進駐と共に、フランスは追い出されてしまった。年はめぐり、あれから数十年、いま再び外資の攻勢である。サパは観光地として甦った。

ベトナムの宋美齢

「ゴ・ジン・ジェム大統領は端正で、まるで僧侶のようだった」と側近のハフォン氏は語る。実際にはジェムは熱心なカトリック信者だった。

だが、彼の施政は頑固で仏教徒に対する弾圧は猛烈だった。一九六三年五月八日（釈迦生誕日）に古都ユエで、仏教徒による宗教弾圧への抗議デモがあった。政府軍の発砲で、死傷者がかなり出たが、政府は「ベトコンの仕業だ」とかわした。

その日は実は「ディエンビエンフー陥落」（フランス敗戦、ベトナム勝利）から九年目の翌日だったので、ベトナム勝利、すなわちベトミン（ベトコンの前身）勝利を彼らに想起させたくなかったのだ。

そのため、七人の僧侶が次々と抗議の焼身自殺をした。この時、訪米中だったニュウ夫人は、「僧侶のバーベキュー」と罵倒し、世界に轟いたわけである。更に、「今後、くり返されるなら、ガソリンとマッチを喜んでさし上げよう」と発言したのである。

私はテレビでこのシーンを奇妙な思いで見ていた。

これだけはっきり罵った限りは、もう一つの意味があるに違いない。彼女の真意は他にあるのではないか、と思ったのである。

この私の思いは当稿の最後まで伏せておく。

当時、ニュウ夫人は大変な権威で、文字通り「女帝」だった。

実は法を制定したのは二つ（女性のために制定）だけではない。道徳法、宗教法、集会法を制定したのである。戦争中なのにサイゴンのバーやクラブはＧＩと華僑の金持ちでいっぱいだった。夫人はベトナム人にダンスを禁止した。

アメリカ人に対しては、

「踊りたいアメリカ人は香港に行けばよい」とまで言った。

夫のニュウはダラットでだらけていたばかりではない。それは休暇の時の話だ。実はパオダイ帝への連絡もあった。

彼はサイゴンでは秘密警察をあやつり、反政府勢力摘発に力をこめた。（これもマダムのあやつりだろうが）。彼の顔写真を見ると、非常に暗い感じがする。

ジェムを無視して、政府軍に指令を下すこともあった。反ジェム派は「ジェムはニュウのプペ（あやつり人形）だ」と称した。話はそれるが、ベトナムには有名な水上人形劇（プペ）がある。

当時、ニュウ夫人の父は大蔵大臣だった。のちに駐米大使となる。彼の夫人は国連オブザーバーであった。父の弟は外務大臣、という女帝一家が南ベトナムを牛耳っていたから、世間では「ベトナムの宋美齢（蔣介石夫人・女傑）」と呼んでいたくらいだ。

ジェム一家は蔣介石ファミリーと仲がよかった。ジェムは何度も台湾を訪れている。ハフォン氏が私にくれた写真の中に、父親の撮った「台湾訪問」の写真がある。

ジェムが蔣介石と並んで閲兵しているシーンで、二人とも大変若い。

「大統領暗殺の噂が流れています……」

と、ジェムに電話をしてくれたのは蒋介石の息子だった。

案の定、ジェムとニュウは暗殺された。

それは一九六三年十一月一日未明のことだった。軍部によるクーデターが起きた。ジェムはアメリカ大使カボット・ロッジ氏に電話をかけたが、アメリカの態度は冷たかった。それでジェム兄弟はショロンの教会へ逃げたのである。

この時、外遊中だったニュウ夫人は難を免れた。ジェムの他の兄弟は、敗戦後、二人はベトコンに公開死刑になった。あとの二人はパリに亡命し、果てた。

一族での生き残りはニュウ夫人だけである。彼女はパリのマンションから外出する時は、サングラスをかけ、防弾ガラスの付いた車に乗って出かける。

パリ十三区

ソ連のペレストロイカ（チンタナカーン・マイ）が起きると、ベトナムも刷新した。

長いベトナム戦（第二次インドシナ戦）で疲れていたアメリカは国交回復した。日本も、待っていました、とばかりに経済進出をはじめる。

フランスは元宗主国であるから、わがチャンス、である。かっての植民地との因縁は深い。

フランス人がどっと入ってきた。

「おじいさんがディエンビエンフーの戦いで戦死したから、ぜひ一度ベトナムを訪れたいと思っていたの」

という、ベトナムへ移住した女性もいる。まるで私の友人みたいだ。

「父がマレー戦で戦死して、マレーの海に沈んだから、亡霊に導かれてタイに来たのよ。この地に永住するわ」

　ベトナムへの日本の進出は、昔取った杵塚で日本軍の影響であるが、フランスの影響は文化色が濃い。それに私は今、酔っているのである。

　ハノイ、ホーチミンのみならず、ベトナムの各地に植民地時代の歴史の影響が残っている。いわば、両国は互いに影響し合ってきたのである。

　パリへ行くとそれがわかる。ベトナム・フアンのフランス人がいっぱいいる。私の知人の老ジャーナリストもベトナム大好きで、リタイアしても始終ベトナムへ通っている。一度はベトナム女性と結婚もしていた。

　パリにベトナム人社会のあることはこの稿の初め頃書いた。今回はパリの第十三区を訪れよう。

　パリにはチャイナ・タウンが二ケ所ある。十三区と十八区である。それらは今や国際人街と呼ばれるほど、様々な国々の人々が集まっている。バンコクのヤワラや、ニューヨーク、サンフランシスコのようなチャイナタウンのように華僑一色ではないのである。

特に十三区はインターナショナル色の濃いのはパリ大学の一部が設置されてからである。ここにベトナム料理店が中国レストランよりも多くひしめいている。

味も本格的だ。フォー（ベトナムうどん）の大好きな私は何度も足を運ぶ。牛肉がじゅうじゅうした大どんぶりのうどんの中に、ミンツやいろんな野菜を山ほど入れて食べると、旅の疲れが癒される。

この町はチャイナタウンから発展したものだ。ポンピドー大統領が一九六十年代末から一九七〇年代初めに、フランスの中間層への住宅供給のために開発して、新しいマンションを建てた。壮観である。

その頃、アジアの内乱、東欧の紛争などが相次ぎ、これらの国々から難民がどっと流入してきた。アフリカからも流入した。フランス政府は彼らにこれらのマンションを開放したのである。

日本の難民対策とはずいぶん違う。日本はベトナムのボートピープルをば頑固に突っ返した。経済が下向きになってから労務対策のためようやく難民受け入れにも耳を貸すようになった。

イタリア広場から放射状にのびているイタリア通りを行くとトルビヤック街に入る。その辺りからチョワジィ通りに主にベトナム・レストランはある。思わぬ所でベトナム再発見である。ベトナム人の経営するスーパーマーケットまである。

その一帯に高層マンションがあり、アジア系やいろんな国の人が住んでいる。私は友人の娘のマンションに招かれたことがあるが、彼らはアジアで窮屈な思いをするより、フランス風のマンション住まいの方が豊かさがある、と言った。

通りにはプラタナス、マロニエの並木が覆い、まことにパリの良き日を楽しめる。

この雰囲気が実はバンコクにもある。バンコクの副都心のムアントンタニーのかの有名なボンド・ストリート（インパクト会場よりも、湖の西側）、名前はロンドン風だがムードはフランス風で、聞けば両側のマンションはフランス人の設計という。

バンコク・ランド社が九十年初期に香港本土返還を狙って、出国する香港人に売り出したとか。経済ダウンの時は一時低迷したが、今や住人（外国人も）が増え、並木通り（ボンド・ストリート）を行けばまるでパリの十三区を歩いているようだ。

長年マドリッド暮らしの友人は、「私はマドリッドを思い出してね、時には、ボンド・ストリートへ行くのよ。車を脇に置いて歩いていると、昔を思い出すわ」という。

私も時には散歩すると、「カフェ・ド・パリ」なんていう店があったりして、寄り込んだりするのである。

ホアロー収容所

今年（二〇〇五年）は第二次世界大戦で日本が敗戦して六十周年、ベトナム戦（第二次インドシナ戦争）が終結して三十年経つ。

この二つの大戦争を知らない世代がいるのだから驚く。知っている世代すら忘却のかなたに記憶を追いやっている。

私は戦中生まれの軍国子ども（少国民、当時はそう呼ばれた）だったし、ベトナム戦も忘却どころか記憶は確かである。

ベトナム戦の時は周囲の友だちが「ベ平連」（ベトナムに平和を！ 市民連合）で活躍しているのを知っていたから記憶に新しいほどである。反戦フォーク集会にもつられて聞きに行ったことがある。

彼らは盛んに抗議集会を開いていた。戦争拡大反対、米軍基地反対、射撃演習反対、米空母入港へのデモなど、テレビの報道もよく聴視した。

ベ平連の役目には、米軍脱走兵の国外逃亡を助けることもあった。アメリカ人が皆、好戦的とは限らないのである。彼らとて、兵役義務、お国の指令で動いているのだから、いやいやながら参戦する人もいるのだ。

アメリカ国内でも反戦運動は激しくなった。反戦集会やデモが盛んに行われ、兵役拒否を呼びかけたのはキング牧師だった。学生の徴兵猶予が停止されると、大学キャンパスは抗議の渦になった。

ジョーン・バエズやボブ・ディランなどは歌で反戦を唱えた。「花はどこへ行った」等の曲は今も耳に残る。

その頃（一九七二年）、タイの土を踏んだ私たちは、当地でもベトナム戦の実情を眼のあたりにした。

バンコクから東部のラヨンの海に行く途中、サーターヒップのタイ軍基地から北ベトナムへ飛び立つ爆撃機Ｂ５２を有刺鉄線の外から眺めながら車で通過したものだ。まさに戦争と平和の図である。

だが、私は傍観者ではなかった。

アメリカ人のクリスチャンの家庭集会の会員だった私は、夫が戦争に参戦した留守宅の妻の「証（あかし）」を共に涙して聞いた。彼女らはいろんな悩みを抱えていた。

しかも、情緒障害になった私の息子の教育を申し出てくれ、ＩＳＢの教師となって教えてくれたり、家庭教師も引き受けてくれた愛情は忘れられない（日本人学校ではそのようなことはお手上げだった)。

また、ガーデン・パーティで皆がエンジョイしている夜の庭の片隅で、友人の青年ジョニィがしゃがみ込んで泣いていた。海外にいる彼にまで赤紙(徴兵の告知)は厳しく届いた。

戦争は日本に特需景気をもたらした。日本の繁栄はベトナム戦争とあざなう縄のようだったのだ。戦場への供給はクレーン、トラック、ジープなどは序の口、ダイナマイト、有刺鉄線、ナパーム弾のほとんどは日本製、もっとすごいのは遺体袋の供給などを協力していた。

ベトナム戦にアメリカは介入し、泥沼化して惨々な目にあった。しかも、世界の眼は厳しく、枯葉剤などの使用は批判の嵐だった。ドクちゃん、ベトちゃんはその落とし子だった。ともすれば、アメリカだけが加害者のように思われがちだが、そうではないという事実がある。北ベトナムに抑留されていた米軍捕虜たちは被害者であったと言えよう。

私はハノイの町をほっつき歩いて「ホアロー収容所」を探し回った。案内地図ではその辺の交差した道路がはっきりせず、何度も間違った。静かな裏通りにあった。目と鼻の先の表通りには日本人がよく泊まる高層ホテルがある。収容所の前はものさみしく、通る人もちらほら、物売りが一人寄ってきたが私が買わないので行き過ぎた。

現在は中も外も改装されているが、植民地時代にフランスが作った監獄で、そこに米軍捕虜は二千人も詰め込まれていた。中には拷問器具の陳列があるそうだが入る気にはならない。

米兵たちはこの収容所を「ハノイ・ヒルトン」と呼んでいた。待遇の悪さ、つらさが伝わってくる。

また帰還兵たちも戦争の被害者だ。彼らの社会復帰の場所はなかなか無かった。七十年代―八十年代に製作された米映画を見れば、戦争の悲惨さがわかる。「タクシー・ドライバー」「ディア・ハンター」「地獄の黙示録」には胸を打たれた。

第二次大戦後の日本にも帰還兵は溢れていた。国鉄などに就職できた人はマシである。（やがて大量のクビ切りがあったが）

昭和三十年頃には、まだ巷に見られ、電車に乗ると松葉杖の傷病兵が混んでいる車両へ入ってきて、アコーデオンを抱き、「異国の丘」などを弾いて義捐金をもらっていた。やがて、軍人恩給が政府から支給されるようになると、彼らの姿は町から消えていった。

今、靖国神社問題が喧伝されているが（形式的参拝よりも）彼らのことを忘れてはならないと思う。

植民地風景

いま日本人は猫も杓子もベトナムへ行く。最初はホーチミンだった。そして今はハノイ。観光客が押し寄せ、次に経済進出となる形は、タイへ進出した場合と同じだ。

　宗主国だったフランスの観光客もワンサと訪れている。ベトナム中で、どこでも見かけるが、日本人のようにその二つの都市だけに集中しない。二つの都市にしても、彼らは賑々しいホーチミンより、しっとりしたハノイを好む。むしろ、仏印植民地時代の面影を追っているのである。

　フランス人は「白人居留地」という言葉を使う。それは植民地時代に地方の町に本国から派遣された行政官などが住んでいた区域のことである。中国でいえば外人租界、日本人居留区などがそれに当たる。いまバンコクにも日本人居住地はあるが、植民地の様相、条件とは異なる。

　白人居留地には銀行、保安官事務所、酒場のある中心部、少しはずれた所には大邸宅があったのだ。

　サヴァンナケット、ヴィンロン、サデック、カンポートなどがそうである。そのような町や郊外に、今盛んにフランス人観光客が押し寄せる。

　メコンデルタの町ヴィンロンやシャム湾側のカンポートはすてきなリゾートになっている。飛行機の便もある。

　タイにも米どころのメコンデルタがある。北タイのメコン河の流れが分かれて南下し、また山々の流れがナコンサワンで合流し、チャオパヤ河となってシャム湾に注ぐ。

ベトナムのメコンデルタはチャオパヤ河の上流のメコンと同じ流れで、その主流は北タイからヘソを曲げてラオスのルアンプラパンへ流れて、また南下してビエンチャンを通り、タイ・ラオス国境を南下、プノンペンまで下ってベトナムのメコンデルタに入り、太平洋側に流れる。同時にアンコール・ワットのトンレサップ湖からはじまった流れが水田のデルタの中を通り抜け、海に注ぐ。

植民地時代にはこの両岸に乞食がつらなり、河は死んだ犬、虎、水牛、人間を連れながら太平洋へ流れて行った。

そのデルタにあるヴィンロンの町は白人居留地であった。

もと、おじいさんが官吏で滞在したことがあるとか、おかあさんはそこで生まれたのよ、とか面影がいっぱいの町。

美しい並木の中を馬車に乗って通るおじいさん、おばあさん、その子どもの母、兄（おじさんに当たる）のセピア色になった写真を手に彼らはヴィンロンへ行ってみる。

リゾート・ホテルでゆっくりと当時を偲ぶわけで、ホーチミンでショッピングなどという日本人の楽しみ方と違うのだ。

植民地時代に身分の保証されたフランス人は悠々だったが、本国でうだつの上がらない人々も食いぶちを求めてベトナムへ渡った。こつこつ働いて小金を貯めると、このぐじゃぐじゃのメコンデルタの「政府払い下げ地」を少しでも買った。この投資で一旗上げ、それでフランスに永住の家を買うのが夢だった。

しかし、濡れ手に泡の例は絶えなかった。(今も)昔も変わらぬことで、フランスに敗北し植民地となった国の役人は賄賂を払わない者の土地など騙し取ってしまうのだ。

先日、この植民地風景が再現されているシーンに出会った。

ハノイの高級ホテルの昼食をひとり楽しんでいた時だ。コロニアル・ムードの高級ホテル、だが私は節約して別のホテルに泊まり、そこの昼食を楽しむだけだ。

窓ぎわで中庭を見ると、フランス女性がプールで泳いでいる。その子どもはパラソルの下でベトナム人にマニキュアをしてもらっていた。商売なら子どもにもマニキュアをする。だがその一幅の絵は「あっ、植民地風景!」と私を驚かせた。それは、かつてのフランスが再びベトナムにリヴァイバルした現実だった。

あとがき

長い道程の末、遂にあの紀行が上梓された。

アメリカをも何度か回ったレポートを入れれば厖大なものになる。そうでなくても、三章に収めきれなかった稿がある。次回にその事を考慮したものを出したい。

私は地球を巡ったのだ。「なぜこうなのか」と訪ねた処々で考えながら歩いたのは、地球が正に一つになって、宇宙時代に突入していく現象であったと気づく。

諸々の幻覚に迷わされず、私たちはそのような思考と視点を失ってはならない。

長いおつき合いをした社会評論社の松田健二様やスタッフ、印刷の方々に心より感謝します。おかげで良い本ができました。

二〇〇九年八月二十六日

羽田令子

参考文献

鹿島守之助編訳『クーデンホーフ・カレルギー著作集』鹿島研究所出版
木村毅著『クーデンホーフ光子伝』鹿島研究所出版
『大日本史料』東京大学史料編纂所
『長崎市史』長崎市役所
吉田直也著『蝶の舞』ＮＨＫ出版

資料提供

クラトヴィ古文書館（チェコ）・ヴァニョーヴァ女史（一九九八年四月）
ヤコブ・クーデンホーフ氏（一九九八年四月）

羽田令子（はだ　れいこ）

作家，ジャーナリスト。

静岡県に生まれる。静岡大学教育学部卒業。

1964～68年，ブラジル国に滞在。

1972年以来　タイ国に在住。

現在，国際ペン大会，アジア・アフリカ作家会議・欧米への講演などのグローバルな活動と共に，日本やタイ国での障害者への奉仕活動をしている。

主な著書に，『タイ・燦爛たる仏教の都』，『アユタヤの十字架のもとに』（第16回日本文芸大賞女流文学賞），『黄金の四角地帯―山岳民族の村を訪ねて』（第19回日本文芸大賞ルポライター賞）以上いずれも社会評論社刊。『アジア・年金老人買春ツアー』（講談社），『虹児・パリ抒情』，『女スパイ，戦時下のタイへ』『李香蘭，そして私の満州体験』（社会評論社）がある。

日本ペンクラブ会員。日本文芸振興会会員。日本文芸家協会会員。タマサート大学非常勤講師。ロータリークラブ会員（3350）。タイ国サイアム・ソサエテイ永久会員。タイ国外国人記者クラブ会員。王室傘下・タイ国知的障害者福祉財団顧問。1994年，王室より功労賞を受ける。オレンジ・アソシエーツ会長。

タイ蔵前会（東京工業大学同窓会）顧問。

歴史紀行――ボヘミア，アジアそしてパリ

2009年11月30日　初版第１刷発行

著　者――羽田令子
装　幀――中野多恵子
発行人――松田健二
発行所――株式会社社会評論社
東京都文京区本郷２-３-10
☎03(3814)3861　FAX03(3818)2808
http://www.shahyo.com
印刷・製本――ミツワ

国境を越えるまなざし

南北問題・先住民族・開発

●第三世界民衆フォーラム編

A5判★2330円／0340-7

自衛隊の海外派兵が現実のものとなったいま、日本とアジアのわたしたちは、いかにしてつながりあうことができるのか。第三世界・先住民族の人々と共に行なわれたシンポジウムの全記録。(1993・3)

風の民

ナバホ・インディアンの世界

●猪熊博行

四六判★2800円／1306-2

会社を早期退職して居留地のナバホ「族立大学」に留学、工芸品造りを体験するかたわら、その豊かな精神文化、歴史、ことばを学んだ。見て、さわって、語り合った「ナバホ学履修レポート」。(2003・10)

大平原の戦士と女たち

写されたインディアン居留地のくらし

●ダン・アードランド／横須賀孝弘訳

A5判★2800円／0383-4

20世紀初め、居留地へと赴いたジュリア。子供たちの目の光りに魅了され、素朴な暮らしや儀式に目を見張る彼女は、インディアンの生活をカメラを通して記録した。写真に焼き付けられた「過去」からの贈り物。(1999・9)

北米インディアン生活誌

●C・ハミルトン／和巻耿介訳

美本なし／四六判★3200円／0343-8

チーフ・スタンディング・ベア、ブラック・エルク、オヒエサ、ジェロニモ、カーゲガガーボー——。北米インディアンの戦士たちが自ら語ったアンソロジー。その豊かな自然と暮らし、儀礼と信仰、狩猟と戦闘など。(2000・5)

新サハリン探検記

間宮林蔵の道を行く

●相原秀起

美本なし／四六判★2000円／0366-7

日本人とロシア人、先住民たちが交易した歴史の舞台。190年前、未知のカラフトをすさまじい意志の力で探検したひとりの日本人の軌跡を追い、国境地帯にたくましく生きる人びとの歴史と現在を生々しく記録。(1997・5)

アイヌモシリ奪回

検証・アイヌ共有財産裁判

●堀内光一

四六判★2700円／1429-8

アイヌ文化法が制定され、知事が管理していたアイヌの共有財産の返還が行なわれることに。しかし、共有財産には土地や漁業権は全くなく、146万円の現金のみ。アイヌ有志による怒りの行政訴訟が開始された。(2004・1)

ハワイ　太平洋の自然と文化の交差点

●津田道夫

四六判★2000円／0374-2

島々の自然と生物、先住民の生活と文化、多民族が共生する歴史。ハワイ旅行が楽しくなる情報満載。写真多数。(1998・7)

[増補改訂版] 空の民《チャオファー》の子どもたち

難民キャンプで出会ったラオスのモン族

●安井清子

四六判★2000円／0359-9

ラオスを追われた山岳の民＝モン族の子どもたちと、日本人ボランティア女性とのタイ国境難民キャンプでの豊かな出会いの日々。吉田ルイ子さん推薦。エピローグを増補して刊行。(2001・1)

表示価格は税抜きです